Die **50** wichtigsten Fragen

Ludwig II.

von Bayern

Bildnachweis

Archiv für Kunst und Geschichte (akg), Berlin: S. 11, 13, 21, 27 (bd. da Cunha), 44 (Hackenberg), 47, 50, 59, 62, 68, 79, 87, 95 (IAM/World History Archive), 98 (da Cunha), 106, 107, 108, 113, 117, 121, 122, 127, 129; Archiv Bucher Verlag: Cover Vorderseite Hintergrund (8), Cover Rückseite o. /u. l., S. 41, 48, 61, 74, 109, 114, 116, 120; Bayerisches Hauptstaatsarchiv, München: S. 76, 110, 125, 133; Historisches Archiv der MAN SE, Augsburg: S. 65 (Foto Nr. 1401/Neg. Nr. 260); Interfoto, München: S. 101 (Slg. Rauch); Richard Mayer, Altusried: S. 90, 91; picture-alliance, Frankfurt am Main: S. 15 (KPA), 16, 17 (RelaXimages), 23, 28 (imagestate/HIP), 42 (imagno), 43, 52, 66 (SZ Photo), 75 (imagno), 77 (maxppp©Costa/Leemage), 88 (chromorange), 96, 97, 105 (bd. epa), 131 (imagestate/HIP), 134, 140 (SZ Photo); picture-alliance/akg: Cover Vorderseite Titelbild, Cover Vorderseite Hintergrund (2), S. 25, 36, 37, 56, 57, 73, 81, 85, 94, 99, 132; picture-alliance/Bildagentur Huber: Cover Vorderseite Hintergrund, S. 53, 55, 69, 103; picture-alliance/dpa: S. 24 (Fotoreport), 30 (Report), 58, 67, 70, 89 (bd. Report). 135 (Bildarchiv), 137, 139; picture-alliance/Mary Evans Picture Library: Cover Vorderseite Hintergrund, Cover Rückseite u. r., S. 19, 29, 39, 62, 82; Schwaneberger Verlag, Unterschleißheim: S. 136; sowie aus: Rödl, Ludwig II. und Richard Wagner, 1913: S. 33, 35, 95; Schad, Ludwig II., 2007: S. 22, 123; Schlim, Traum und Technik, 2010: S. 63; Wolf, Ludwig II., 1926: S. 12, 26, 111, 118, 130

Das Titelbild zeigt Ludwig II. im Ornat des Großmeisters des Georgiritterordens.

Edda und Michael Neumann-Adrian, beide Historiker und Publizisten mit zahlreichen Veröffentlichungen. Nach Jahren des Schulunterrichts und in der Chefredaktion der Zeitschrift *Westermanns Monatshefte* schreiben sie seit Beginn der 1980er-Jahre über Länder und Reisen, Kultur und Natur. Das Paar lebt am Starnberger See.

Impressum

© 2011 Bucher Verlag, München
Alle Rechte vorbehalten

www.bucher-verlag.de

Produktmanagement: Stefan Mayr
Textredaktion: Bettina Zimmermann, Landsberg
Korrektorat: Regina Louis, Hamburg
Satz und Gestaltung: Medienfabrik GmbH, Stuttgart
Gestaltung Umschlag: Studio Schübel Werbeagentur GmbH, München
Lithografie: Repro Ludwig, Zell am See
Herstellung: Bettina Schippel
Druck und Bindung: Printer Trento S.r.l.

Bibliografische Information der Deutschen Nationalbibliothek

Die Deutsche Nationalbibliothek verzeichnet diese Publikation in der Deutschen Nationalbibliografie; detaillierte bibliografische Daten sind im Internet über http://dnb.d-nb.de abrufbar.

ISBN 978-3-7658-1833-2

Die 50 wichtigsten Fragen

Ludwig II.
von Bayern

Michael und Edda Neumann

Die 50 wichtigsten Fragen

Vorwort:
Schade ist es um diesen König

Von der Bewunderung bis zum Hohn und zur schmerzlichen Enttäuschung war es immer wieder nur ein kleiner Schritt. Erzieherischer Überdruck und Mangel an elterlicher Zuwendung ruinierten seine jungen Jahre. Ludwig reagierte darauf nicht wie der junge Preuße Friedrich, mehr als ein Jahrhundert zuvor – der Kronprinz versuchte keine Flucht aus der Residenz. Er stand diese Jahre durch. Lichtblicke waren Exkursionen mit der Mutter und dem jüngeren Bruder in die bayerischen Berge. Und Erleuchtung waren ihm die ersten Wagner-Opern.

Damit waren Ludwigs Charakter und seine Verhaltensweisen vorgeprägt, etwa seine wachsende Scheu vor Menschen. Lust an der alpinen Natur, an den Künsten einschließlich der Architektur, vor allem aber an Musik und Theater bildeten die positiven Seiten seiner Welt. Mit dem Rest tat er sich schwer. Viel zu früh, genau besehen fast unvorbereitet, hatte er nach dem plötzlichen Tod des Vaters, Maximilians II., die Rolle des Königs zu übernehmen. Er seufzte nicht lange, ließ sich von seinen Ministern melden und erläutern, was sich auf den politischen Ebenen Bayerns, Deutschlands und Europas ereignete. Ein halbes Jahrhundert war seit dem Ende der napoleonischen Ära vergangen. Der Versuch der Stabilisierung Europas auf dem Wiener Kongress von 1815 war nicht geradezu misslungen, hielt sich aber kaum noch auf seinen schwachen Füßen. Ludwig II. sollte sich kurz vor dem Ausbruch eines neuen deutschen Krieges als König bewähren, noch bevor er das Königsein gelernt hatte.

Nur zwei Jahrzehnte waren ihm gegönnt. Er baute Burgen und Schlösser im Stil der Architekturen, die einmal die Welt des Mittelalters, zum anderen den prunkvollen Barock von Versailles und Ludwig XIV. erneuern sollten. Freilich mit dem Recht des kreativen Bauherrn, eigene Elemente einzubinden. Da der Bayernkönig es wagte, Byzantinisches in seine Burg Neuschwanstein einzufügen und arabischer Architektur einen Platz neben Schloss Linderhof einzuräumen, rümpften die meisten Kunsthistoriker die Nase und erklärten die Bauwerke Ludwigs II. für Kitsch. So noch zu Anfang der 60er-Jahre des 20. Jahrhunderts, als Bücher über europäische Schlösser und Burgen generell ohne die Ludwig-Bauten in Druck gingen.

Das konnte die wachsende Zahl von Besuchern nicht daran hindern, zu den Schlössern zu reisen und danach den Daheimgebliebenen zu erzählen, welch grandiose Dinge sie versäumt hatten. Im 21. Jahrhundert sind die Proteste der Experten weithin verstummt, König Ludwig aber wird in seiner Heimat heute gern als der bekannteste Bayer weltweit bezeichnet.

Wie passt das alles zusammen? Welche Zukunftsvisionen hatte Ludwig II.? Er war ein Gegner aller Kriege und fand sich dennoch im Zwangsbündnis mit dem waffenklirrenden Preußenkaiser Wilhelm I., also in verhängnisvoller Nachbarschaft. Er liebte die Natur, war aber auch stark an moderner Technik interessiert. Allerdings erkannte er schon vor über 100 Jahren ihre wachsenden Risiken, ihre Selbstläufer-Energie, die das Leben des einzelnen Menschen auch zu seinem Nachteil verändern kann. Und als Liebhaber von Wagners Musik half er dem Komponisten über alle Krisen und Enttäuschungen hinweg, von der ersten Rettung vor dessen Gläubigern bis zum Bau des Festspielhauses in Bayreuth.

Dass Ludwig selbst ein Schuldenmacher war, hat ihn möglicherweise das Leben gekostet – sei es, dass seine Verwandten für seine Unmündigkeitserklärung sorgten, weil sie befürchteten, selbst zum Ausgleich der Schuldsumme von etwa 16 Millionen Reichsmark genötigt zu werden. Auch wenn seither die Währungen sämtlich drastisch an Wert verloren haben – König Ludwig war ein noch bescheidener Schuldner, vergleicht man ihn mit gewissen Herren im 21. Jahrhundert.

Viele gute Gründe, meinen wir, genauer nach den Lebenslinien von Ludwig II. zu fragen. Wir haben die wichtigsten Fragen ausgewählt – machen Sie sich selbst ein Bild von diesem König ohnegleichen!

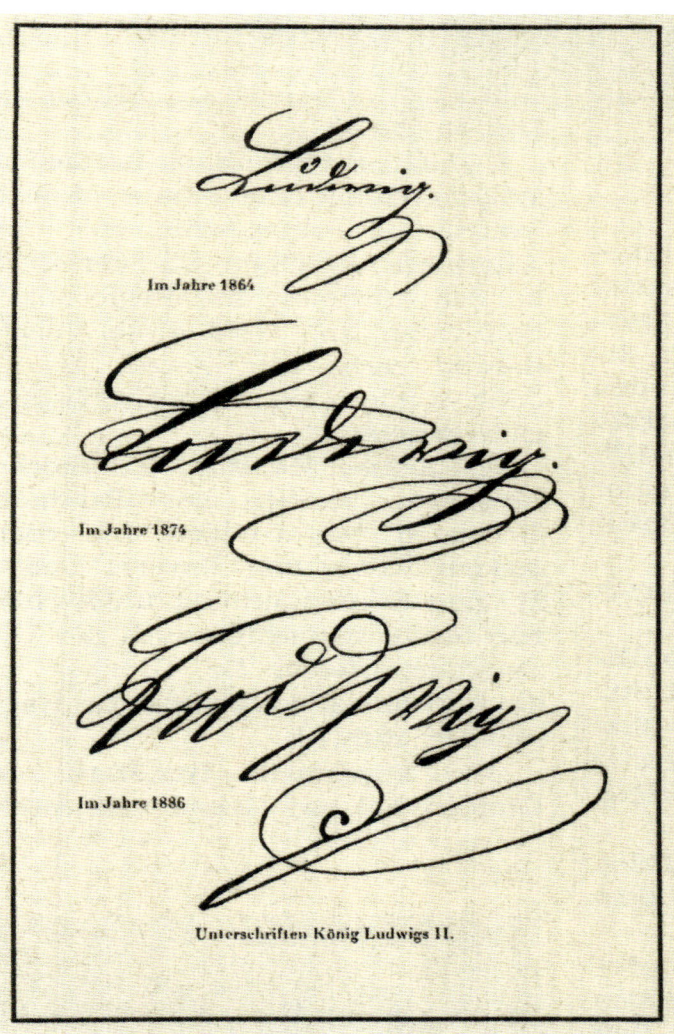

Im Jahre 1864

Im Jahre 1874

Im Jahre 1886

Unterschriften König Ludwigs II.

Unterschriftenproben Ludwigs II. aus den Jahren 1864, 1874 und 1886

1 Warum freute sich König Ludwig I. über das Geburtsdatum seines Enkels?

Der spätere König Ludwig II. erblickte das Licht der Welt am selben Tag wie sein Großvater, König Ludwig I.

August 1845. Im Schloss Nymphenburg bei München wuchs die Spannung: Man erwartete die Niederkunft der Kronprinzessin Marie. Nicht nur Kronprinz Maximilian, der Ehemann, sondern auch König Ludwig I., der Großvater, warteten. Letzterer verfolgte (nach eigener späterer Aussage) das Vorrücken des Zeigers der Uhr auf Mitternacht. Und tatsächlich, der 25. August war gerade angebrochen, als der Enkel das Licht des königlichen Gemachs erblickte – nun gab es zwei Familienmitglieder, die an diesem Datum Geburtstag hatten, der kleine Prinz und sein königlicher Großvater, der nun doppelt erfreut war.

Schnell sorgte Ludwig I. dafür, dass der ursprünglich für das Kind vorgesehene Name Otto (auch ein in der Familie Wittelsbach berühmter Name) gegen den des Großvaters ausgetauscht wurde. Und so gab es dann später einen König Ludwig II., und das sogar noch zu Lebzeiten des alten Ludwig I. Schon drei Jahre später nämlich, 1848, dankte Ludwig I. ab. Nicht nur wegen der in aller Welt bekannten Affäre mit der Tänzerin Lola Montez, die den Zorn

Der Großvater von Ludwig II., König Ludwig I. von Bayern

des Münchner Publikums erregt hatte, musste Ludwig I. gehen. Das war nur ein äußerer Anlass zur Krise, in der die Minister zurücktraten, die Universität geschlossen wurde, die Studenten protestierten: Der König hatte sich absolutistische Auftritte angemaßt, die schon damals als überholt galten. Er äußerte danach: »Man hat mich zum Schreiber, und nicht einmal zum Oberschreiber, sondern nur zum Unterschreiber degradieren wollen. Deshalb dankte ich ab.« Ludwig I. hinterließ ein völlig neu gestaltetes München – Klassizismus überall: Ludwigstraße, Königsplatz, Ruhmeshalle. Für Ludwig II. später kein Problem: Seine

Am 25. August 1845 wurde Ludwig II. im Schloss Nymphenburg geboren. Stahlstich, um 1850

Bau-Ideen galten nicht der Stadt, er fand sein größeres Betätigungsfeld in den Bayerischen Alpen.

Von 1848 an wuchs Ludwig II. als Kronprinz auf. Und leider vermittelte man ihm von verschiedenen Seiten das Bewusstsein, dereinst als König ein Recht auf uneingeschränkte Herrschaft zu erben in einem Land von uneingeschränkter königlicher Souveränität. Doch im Laufe seines Jahrhunderts veränderten sich die Voraussetzungen für die absolute Eigenständigkeit eines kleinen Landes in der Mitte Europas beträchtlich.

Bis 1868 lebte der Großvaterkönig noch, konnte aber seinem Enkel, der mit 18 Jahren – gänzlich unerfahren – König wurde, nur wenig mit gutem Rat zur Seite stehen. Meist hielt sich Ludwig I., entfernt von München, in Aschaffenburg und in der Pfalz auf. Das Regieren wurde unter dem Druck der Geschehnisse um den verlorenen Krieg 1866 gegen Preußen für den jungen König sehr schwierig, war er doch immer von Wunschvorstellungen beherrscht. Und der alte Ludwig I. sandte aus Rom dem Enkel aufstöhnend die Warnung nach Bayern: »Verhüte, dass es nicht in der Geschichte heißt: Ludwig II. grub das Grab der bayerischen Monarchie.«

2 Wer waren Ludwigs Eltern, wer gehörte zur Familie?

Ludwigs Vater war der Kronprinz von Bayern, Maximilian, aus der Dynastie der Wittelsbacher; seine Mutter war Marie von Preußen, sie entstammte dem Hause Hohenzollern. Zur engsten Familie gehörte auch Ludwigs drei Jahre jüngerer Bruder Otto.

Die Dynastie der Wittelsbacher regierte in Bayern seit dem 12. Jahrhundert. Der Vater, Maximilian, war zur Zeit von Ludwigs Geburt noch Kronprinz von Bayern. Maximilian war weltoffen – auch in religiösen Angelegenheiten –, er hatte studiert, unter anderem in Berlin, liebte Dichtkunst, Philosophie, interessierte sich für Naturwissenschaften, für die britische Architekturrichtung seiner Tage (etwa Friedrich Bürkleins neugotisch inspirierte Maximilianstraße). Er war ein sachlich denkender, keinesfalls Träumereien nachhängender, kühl auftretender Herrscher. Maximilian holte während seiner Regierungszeit (1848–1864) norddeutsche Wissenschaftler und Künstler nach München (dort von vielen mit Misstrauen empfangen und »Nordlichter« genannt). Zu seinen Söhnen fand König Max keinen vertrauensvollen Kontakt, so konnte er in ihnen kein Interesse für seine Denkweise wecken.

Ludwigs Mutter Marie von Preußen war eine fromme Frau, menschenfreundlich, an vielem interessiert, aber nicht geistreich und belesen. Sie war keine Flachländerin, denn sie war zeitweise im schlesischen Riesengebirge aufgewachsen, sie liebte die Alpen und führte ihre jungen Söhne in die Freuden des Bergwanderns ein. Die Fantasien ihres Sohnes Ludwig fand sie – wie ihr königlicher Gatte – überspannt, sie bemühte sich nicht um Zugang zu seiner Traumwelt. Königin Marie stammte aus dem Hause Hohenzollern, sie war die Tochter des Prinzen Friedrich Wilhelm Karl von Preußen, die Enkelin des preußischen Königs Friedrich Wilhelm II., der als Neffe Friedrichs II. (des Großen) Nachfolger des kinderlosen berühmten Königs war. Dieser Urgroßvater Ludwigs ließ in seiner Regierungszeit Carl Gotthard Langhans in Berlin das Brandenburger Tor bauen.

Viel beeindruckender als baumeisterliches Vorbild war Ludwigs Großvater väterlicherseits, der berühmte Wittelsbacher Ludwig I., der viele klassizistische Gebäude in München errichten ließ, wo Ludwig geboren wurde. Der Großvater, der in seiner Jugend italienbegeistert und genussfreudig war, begleitete die Jugendjahre des Enkels wohlwollend, später nur bis zu einem

gewissen Grad verständnis-
voll, denn auch er war kein
ausgemachter Träumer. War
er doch mit seinen Leiden-
schaften an Grenzen gesto-
ßen (Lola Montez!), auch an
die fürstlicher Macht.

Zur engsten Familie ge-
hörte natürlich Ludwigs
jüngerer Bruder Prinz Otto,
der 1848 zur Welt kam, der
offenbar freundlicher, leut-
seliger und fleißiger war als
Ludwig. Dieser zog sich
schon in früher Jugend gern
zurück, träumte vor sich hin
(er empfand – nach eigener
Aussage –, allein im Käm-
merlein sitzend, bei selbst
ausgedachten Geschichten
keine Langeweile). Ludwigs
Gouvernante und anderes
Personal bestärkten ihn
ausdrücklich in seiner Ein-
zigartigkeit, wohl um ihm
die Schüchternheit zu nehmen, aber ohne die Gefahr
der Entwicklung zur Über-
heblichkeit zu bedenken.

Ludwigs Familie: Maxi-
milian, Kronprinz von
Bayern, Ludwigs Mutter
Marie von Preußen und
Ludwigs drei Jahre jün-
gerer Bruder Otto (vorne
rechts). Ludwig selbst ist
hinten links postiert.

Zu Ludwigs Spielgefährten gehörten neben seinem Bruder Otto die Kinder der herzoglich-bayerischen Linie in Possenhofen bei Starnberg. Ludwigs
Bekanntschaft mit Sisi, der späteren österreichischen Kaiserin, geht auf Kindertage zurück. Weniger eng geriet die Beziehung zum Hause Luitpold, den
Nachkommen des Bruders von Maximilian II. An dem gleichaltrigen Prinzen
und Namensvetter Ludwig tadelte Ludwig II. später den »zu freien und die
verwandtschaftlichen Beziehungen unpassend hervorkehrenden Ton«.

3

Wie lautet der dreisteste Verdacht, was die Herkunft Ludwigs II. anbelangt?

Ludwig II. ist kein Wittelsbacher, sondern wurde von einem italienischen Kammerdiener namens Giuseppe Tambosi gezeugt – böse Nachrede?

Die Kammerdiener der Könige und Königinnen geraten seit je in Verdacht, über ihre Pflichten hinaus aktiv zu sein. Mehr als einem Verdacht, nämlich unumstößlichen Beweisen, meint Rudolf Reiser, namhafter Autor zahlreicher Bücher zur bayerischen Geschichte, auf die Spur gekommen zu sein. Träfen die Beweise tatsächlich zu, wäre König Ludwig II. kein Wittelsbacher, sondern von einem italienischen Kammerdiener gezeugt worden.

Basis dieser ehrenrührigen Behauptung: Ludwigs Vater, der Kronprinz Maximilian, habe sich in jungen Jahren im damals überaus lebensfrohen Budapest und dessen Bädern so schutzlos den ungarischen Schönheiten hingegeben, dass er am Tripper erkrankte und zeugungsunfähig geworden sei. Diese Reise des 23-jährigen Maximilian, mit der Ludwig I. nicht einverstanden war, wurde 1835 in den Budapester Zeitungen kommentiert.

In München deutete man den miserablen Zustand des Kronprinzen als Typhus. Erst sieben Jahre später, 1842, feiert Maximilian Hochzeit – mit der 16-jährigen Marie, einer Cousine des Preußenkönigs Friedrich Wilhelm IV. Konnten die Netzwerke der europäischen Fürstenhäuser so versagen? Wusste man in den obersten Rängen nicht, was der Braut für ein Schicksal bevorstand? Oder, eine denkbare Variante, einigte man sich in den Eheverhandlungen darauf, den Nichtvollzug zu akzeptieren? Oder haben unfreundliche Mitmenschen Maximilians Zeugungsunfähigkeit nur erfunden?

Nach einer Fehlgeburt brachte Marie 1845, im vierten Ehejahr, den gesunden Knaben zur Welt, der später König Ludwig II. wurde. Gezeugt habe ihn aber nicht König Maximilian II., sondern der Italiener Giuseppe Tambosi, lautete die Behauptung. Aber wie konnte so etwas geschehen, ohne dass die Mutter des Kindes davon wusste?

Tambosi, 1794 in Riva am Gardasee geboren, in München aufgewachsen, seit 1839 Kammerdiener Maximilians und nach dessen Hochzeit zum Kellermeister avanciert, wurde unterstellt, er habe im Auftrag des Königs die Kronprinzessin dermaßen alkoholisiert, dass sie die Zeugung nicht wahrnahm, die der Italiener an des Königs Stelle vollzog.

Ludwig mit seinen Eltern, Kronprinz Maximilian und Kronprinzessin Marie

Gibt es Beweise, dass es sich so grausam zutrug? Rudolf Reiser nennt im Wesentlichen die *Memorabilien* des hoch angesehenen Architekten Leo von Klenze (1784–1864). Klenze erinnert sich in diesen jüngst von Winfried Nerdinger veröffentlichten

Aufzeichnungen auch an seine Gespräche mit König Maximilian II. und mit den Dienern in der Münchner Residenz. Drei Mal habe sich der König über Tambosi lobend und zugleich scharf abschätzig ausgesprochen. »Ich weiß es sehr wohl, Tambosi ist der schlechteste Kerl, welchen ich in meinen Diensten habe, aber – ich kann ihn besser als irgendeinen anderen gebrauchen«, lautet eine dieser Äußerungen. Ob Tambosi seinen Auftraggeber erpresst oder womit er sich sonst noch die Zuordnung als »schlechtester Kerl« verdient hat, bleibt offen.

Das Tambosi Cafe in der Münchner Ludwigstraße. In der Literatur gibt es die Theorie, Ludwig II. sei kein Wittelsbacher, sondern vom italienischen Kammerdiener Giuseppe Tambosi gezeugt worden.

Den Verdacht mag die Mitteilung noch stärken, dass Tambosis Vorgesetztem in der Palasthierarchie monatlich aus der königlichen Kasse 1000 Gulden für »geheime Zwecke« zugeteilt wurden. Doch wieder bleibt alles offen, wofür oder für wen diese Summen ausgegeben wurden. Von einem anderen Bediensteten, erinnert sich Klenze, hörte er von der »Kränklichkeit« des Königs. Die war allerdings kein Geheimnis, sie war nicht nur münchen-, sondern bayernweit – jedoch nicht als Geschlechtskrankheit – bekannt. Ob und wie viel Ludwig II. selbst von einer möglichen italienischen Abkunft und ihrer Ursache wusste, bleibt offen. Sah sich Ludwig II. im Spiegel, war augenscheinlich, wie wenig er – sowohl in den Gesichtszügen als auch in der stattlichen Leibesgröße – dem König ähnelte.

Was ist die Wahrheit? Übermächtig schwer muss der Schmerz auf Ludwig II. gelastet haben, sollte er früh von solcher Not seiner Eltern und von einem Pseudo-Vater erfahren haben. Ein Schmerz, der nicht allein Herzenssache, sondern auch politische Last gewesen wäre. Seine Anverwandten hätten sein Thronrecht anfechten können. Vielleicht hätten sie den Ruf der Wittelsbacher Dynastie schonen wollen. 1886 wussten sie auf anderem Weg zur Herrschaft zu kommen.

4 Ludwigs Jugend – ein Unglück mit Goldrand?

Die Eltern hatten wenig Zeit für ihn, die Amme starb, da war er noch kein Jahr alt, die ersten Erziehungspläne im Vorschulalter – und eine verehrte Gouvernante.

Eigentlich hatte es der kleine Ludwig, der am 25. August 1845 in Münchens Schloss Nymphenburg das Licht der Welt erblickte, von Anfang an schwer. Zwar war er ersehnt, von seiner jungen Mutter und dem königlichen Großvater mit Freude, von seinem Vater, dem Kronprinzen, mit Stolz und Befriedigung aufgrund dynastischer Erbvorstellungen – aber das Leben eines königlichen Prinzen damals kann nur als ein »Unglück mit Goldrand« bezeichnet werden.

Königliche Eltern nahmen sich in aller Regel wenig Zeit für ihren Nachwuchs und vertrauten die Kinder Erziehern an. Ludwigs Eltern konnten sich schon wegen häufiger Repräsentationsreisen in entlegenere Teile des bayerischen Königreiches nicht dauernd um Ludwig kümmern, seine bäuerliche Amme erkrankte und starb, als er acht Monate alt war – er verlor also seine erste Bezugsperson in einem für die seelische Entwicklung entscheidenden Alter.

Noch dazu wurde das arme Kind bald darauf selbst todkrank – hatte er sich bei der Hirnhautentzündung der Amme angesteckt? Dass der Prinz – seit 1845 mit dem offiziellen Titel »Erbprinz« – sehr bald in die Obhut der freundlichen, warmherzigen Gouvernante Sybille Meilhaus (später Freifrau von Leonrod) kam, rettete ihm vermutlich das Leben. Er hat sie bis zu ihrem Tod 1881 geliebt und verehrt.

Zu jener Zeit gab es feste Vorstellungen, wie Erziehungsziele durchzusetzen seien. Als Ludwig gerade im Vorschulalter war, stellte sein Vater die ersten Erziehungspläne auf. Die Tage waren stundenplanmäßig gegliedert, Mahlzeiten genau festgelegt – einfach sollten sie sein. Ludwig und sein Bruder erbettelten sich Leckerbissen, die im Plan nicht vorgesehen waren, bei der Dienerschaft. Die verwöhnte die lieben Buben gern außer der Reihe, so kam das Gerücht auf, die kleinen Prinzen wären auf Hungerdiät gesetzt.

Schwerer wiegt schon die Beschuldigung, der König habe sich die strenge Seite der Erziehung selbst vorbehalten und die Buben, wenn sie widerspenstig waren, eigenhändig geschlagen. Kein schöner Zug. Man hielt das damals für einen unvermeidbaren Teil guter Erziehung. (Etwas mehr als 100 Jahre dauerte es in Deutschland, bis die Unsitte abgeschafft wurde, die mehr Trotz als Einsicht bewirkt.)

Ludwig II. als Jugendlicher; seine Eltern hatten wenig Zeit für ihn, seine bäuerliche Amme verlor er bereits im Alter von acht Monaten.

Von Ludwigs zehntem Lebensjahr an übernahm Graf de la Rosée die Erziehung und leitete den Einzelunterricht der Schulfächer. Zeitgenossen meinten viel später, die Erziehung habe beim Kronprinzen ein übertriebenes Selbstwertgefühl erzeugt. Dem muss widersprochen werden. Hätte man Ludwigs Selbstbewusstsein gestärkt, wäre er nicht sein Leben lang unsicher und überempfindlich gewesen. Was ihm anerzogen wurde, war eine übertrieben arrogante Haltung gegenüber seiner Umgebung.

König Maximilians Katalog der Wertmaßstäbe umfasste christliche Grundsätze (einschließlich der Ablehnung militärischer und kriegerischer Ideale – dies unterschied sich deutlich von den Grundsätzen preußischer Prinzenerziehung), dazu gehörte auch Nächstenliebe und Verantwortungs-

Das Geheimnis der zarten Seelen

Man kann es in den Zeitungen lesen: Psychologen und Naturwissen-
schaftler können heute erklären, warum die Lebenslinien von Kindern
mit ähnlicher Gen-Ausstattung so unterschiedlich verlaufen. Das betrifft vor allem die weniger robusten Kinder, die feinfühligen, die in
ihrem späteren Leben oft unter Stress leiden, über Angststörungen
und Depressionen klagen. Zwar überrascht es aufmerksame Eltern
nicht, dass Kinder mit weniger Zuwendung und Ermutigung öfter ver-
haltensauffällig werden als freundlich umsorgte Altersgefährten. Vielen noch neu sind aber die Erkenntnisse der Verhaltensforschung.

Schon vor anderthalb Jahrzehnten berichtete der Verhaltensforscher
Klaus Peter Lösch über den Neurotransmitter Serotonin und sein
Transportgen: eine Variante dieses Transportgens stärkt offenbar die
Reizempfindlichkeit schon im Kindesalter. Wenn so empfindliche
Kinder in einer Familie Zuwendung und Aufmerksamkeit finden, ist
ihr späteres Depressionsrisiko deutlich geringer als bei anderen mit
gleichem Gentransporter, die aber in einer kalten, von Streit und
Gleichgültigkeit beherrschten Umgebung aufwachsen. Diese zeigen
bald Hyperaktivität, Aufmerksamkeitsmangel, Lernschwäche. Das
widerlegt die weitverbreitete Meinung, es seien allein oder zum al-
lergrößten Teil die Erbanlagen, die den künftigen Lebenslauf des Kindes bestimmen.

Studien mit mehreren Hundert ein- bis dreijährigen Kindern, die
übermäßig Unruhe und Aggressivität zeigten, brachten in den Nie-
derlanden ein überraschendes Ergebnis. Nach achtmonatiger Zu-
sammenarbeit mit den Eltern, die nun mehr Zuwendung zu ihren
Kindern einübten, wurde nach nochmals einigen Monaten vergli-
chen: Während die Kinder mit robusten, widerstandskräftigen Erbanlagen sich in ihrem Verhalten um zwölf Prozent besserten,
brachten es die empfindsameren, also gefährdeteren Kinder auf
27 Prozent. Sie hatten, kann man auch folgern, unter günstigen Um-
ständen im Vergleich mit den robusteren, aber weniger reizempfindlichen Kindern die besseren Lebenschancen.

bewusstsein, tugendhaftes Leben – Sekundärtugenden wie Pünktlichkeit und Fleiß sollten allerdings nicht im Vordergrund stehen.

Leider gehörten zu den Erziehungsidealen eine maßlose Körperfeindlichkeit, Prüderie und unsinniger Reinlichkeitswahn, der den jungen Prinzen in den Wirren seiner pubertären Entwicklung heillos überfordern musste. Unbewältigte Konflikte plagten ihn sein ganzes Leben lang, eine normale sexuelle Existenz war unmöglich. Auch mangelte es dem Heranwachsenden offensichtlich an einigen Grundkursen in Gesprächsführung – speziell mit beredten Kritikern und Gegnern. Dieser Erziehungsfehler wurde auch nach seiner unvorhergesehen frühen Thronbesteigung nicht korrigiert. Ludwig war sich seiner mangelhaften Kenntnisse in vielen Bereichen bewusst, lernte aber nicht, souverän mit Niedrigergestellten umzugehen, sondern zog sich in ein Einzelgängertum zurück, das mehr und mehr auf Totaldistanz zur Öffentlichkeit hinauslief.

Nicht zuletzt fehlte in der Erziehung jede Anleitung zur Bewältigung der Konflikte zwischen Realität und hohen Idealen und Zielen. Gerade diese Anleitung wäre für Ludwig lebenswichtig gewesen.

Diese Porträtbüste des fünfjährigen Kronprinzen befindet sich im Schlafzimmer der Königin Marie von Bayern, Schloss Nymphenburg.

Die Eltern des jungen Ludwig wussten davon nichts – und weil er in hohem Grad zu den reizempfindlichen Kindern gehörte, wirkte sich die über lange Zeit liebes- und zuwendungsarme Erziehung mit aller Härte aus. Er fand sein Leben lang keine Kraft, sich auf fremde Menschen einzulassen, wurde von vielen missverstanden oder auch ausgenutzt und starb einen Tod, über den wir bis heute kaum etwas wissen.

5 Wer war die Frau, der Ludwig lebenslang nahestand?

Sybille Meilhaus kümmerte sich etwa sechs Jahre lang um Ludwig und seinen Bruder Otto, sie war den beiden eine liebevolle Erzieherin. Nach ihrem Weggang schrieb Ludwig zahlreiche Briefe, die Korrespondenz hielt bis zu ihrem Tod 1881.

Der kleine Prinz Ludwig war knapp ein Jahr alt, als er schwer krank wurde. Man berichtet von wiederholten Fieberkrämpfen. Die neue Bezugsperson, die statt der verstorbenen Amme ausgewählt wurde, hieß Sybille Meilhaus. Sie stammte aus Hanau und wurde als Tochter eines Kaufmanns 1814 in Hanau geboren, war also drei Jahrzehnte älter als Ludwig. Sie nahm sich als Erzieherin des kleinen Prinzen an und ergänzte, ja ersetzte die mütterliche Fürsorge mit liebevoller Hinwendung. Ihre Warmherzigkeit, Bildung und Frömmigkeit sind bezeugt.

Sybille Meilhaus, die Erzieherin Ludwigs, wurde im Jahr 1814 in Hanau geboren. Bis zu ihrem Tod 1881 stand sie in engem Briefkontakt mit Ludwig II.

Ungefähr sechs Jahre kümmerte sie sich um Ludwig und um seinen Bruder Otto. Auch als Ludwig ins Schulalter kam und Lehrer den Unterricht übernahmen, war sie als Erzieherin Ottos für ihn erreichbar. Schon im Vorschulalter hatte sie den Prinzen mit den Anfängen des Lesens, Schreibens und Rechnens vertraut gemacht.

Schloss Hohenschwangau im Allgäu war die Kinderstube Ludwigs, der königlichen Familie diente es als Sommerresidenz.

Vertreter einer Erziehung militärischen Stils kritisierten den freundlichen Ton der Gouvernante als Verweichlichung. Jedoch ist anzunehmen, dass sie für den sensiblen Prinzen gerade der rechte Umgang war. Für die Strenge sorgte, wie bekannt, der Vater des späteren Königs, Kronprinz Maximilian.

Als Sybille Meilhaus 1854 den Hof verließ, bedauerte Kronprinz Ludwig ihren Weggang, der Neunjährige vermisste sie sehr. Von nun an schrieb er zahlreiche Briefe an seine ehemalige Erzieherin, Briefe voller Mitteilungsbedürfnis und Vertrauen. Auch als er schon König war, erzählte er ihr von seinem Tagesablauf. Die Korrespondenz hielt bis zum Tod von Sybille Meilhaus 1881 an, die inzwischen längst verheiratete Baronin von Leonrod war. Sie musste das traurige Ende ihres Schützlings nicht erleben.

Ludwig ließ ihr in Augsburg auf dem Friedhof an der Hermannstraße ein neugotisches Marmorgrabmal errichten.

6

Wie wurde aus einer frühen Begegnung die jahrelange Verbindung mit Bismarck?

Königstreue Traditionalisten forderten im Juni 2002 die Umgestaltung der Euro-Münzen. Statt des »preußischen Adlers« solle das Porträt Ludwigs II. aufgeprägt werden; der Adler sei für Bayern niemals Identifikationssymbol gewesen, Bayern sei unter Ludwig II. in die »Adlerklauen des Blut- und Eisenkanzlers Bismarck« geraten.

Von einer ersten Begegnung ist Otto von Bismarck sehr angetan. Es folgen eine ausführliche briefliche Korrrespondenz und, wie Bismarck es nennt, »günstige Beziehungen«.

»Auf dem Wege von Gastein nach Baden-Baden berührten wir München … Bei den regelmäßigen Mahlzeiten, die wir während des Aufenthalts in Nymphenburg, 16. und 17. August 1863, einnahmen, war der Kronprinz, der seiner Mutter gegenübersaß, mein Nachbar. Ich hatte den Eindruck, dass er mit seinen Gedanken nicht bei der Tafel war und sich nur ab und zu seiner Absicht erinnerte, mit mir eine Unterhaltung zu führen, die aus dem Gebiete der üblichen Hofgespräche nicht herausging. Gleichwohl glaubte ich in dem, was er sagte, eine begabte Lebhaftigkeit und einen von seiner Zukunft erfüllten Sinn zu erkennen. In den Pausen des Gesprächs blickte er über seine Mutter hinweg an die Decke und leerte ab und zu hastig sein Champagnerglas, dessen Füllung, wie ich annahm, auf mütterlichen Befehl verlangsamt wurde, sodass der Prinz mehrmals sein leeres Glas rückwärts über seine Schulter hielt, wo es zögernd wieder gefüllt wurde. Er hat weder damals noch später die Mäßigkeit im Trinken überschritten …

Es war dies das einzige Mal, dass ich den König von Angesicht gesehn habe, ich bin aber mit ihm, seit er bald nachher (10. März 1864) den Thron bestiegen hatte, bis an sein Lebensende in günstigen Beziehungen und in verhältnismäßig regen brieflichen Beziehungen geblieben und habe dabei jederzeit den Eindruck eines geschäftlich klaren Regenten von nationaldeutscher Gesinnung gehabt, wenn auch mit vorwiegender Sorge für die Erhaltung des föderativen Prinzips der Reichsverfassung und der verfassungsmäßigen Privilegien seines Landes.

Als außerhalb des Gebiets politischer Möglichkeit liegend ist mir sein in den Versailler Verhandlungen auftauchender Gedanke erinnerlich, dass das deutsche Kaisertum resp. Bundespräsidium zwischen dem preußischen und dem bayerischen Hause erblich alternieren solle. Die Zweifel darüber, wie dieser unpraktische Gedanke praktisch zu machen, wurden überholt durch die Verhandlungen mit den bayerischen Vertretern in Versailles und deren Ergebnisse, wonach dem Präsidium des Bundes, also dem Könige von Preußen, die Rechte, die er heut dem bayerischen Bundesgenossen gegenüber

Porträt des jungen Otto
von Bismarck, Holzstich
um 1890

ausübt, schon in der Hauptsache bewilligt waren, ehe es sich um den Kai-
sertitel handelte.

Aus meinem Briefwechsel mit dem Könige Ludwig schalte ich einige Stü-
cke ein, die zur richtigen Charakteristik dieses unglücklichen Fürsten bei-
tragen und auch wieder einmal ein aktuelles Interesse gewinnen können.«

Nachzulesen in Bismarcks *Gedanken und Erinnerungen*, erschienen 1898,
mehr als drei Jahrzehnte nach der Begegnung. Bismarck war damals, 1863,
knapp 50 Jahre alt und erst jüngst zum preußischen Ministerpräsidenten er-
nannt worden. In seine Memoiren setzte Bismarck nach dem Erlebnisbe-
richt aus Schloss Nymphenburg rund 20 Seiten seines Briefwechsels mit
Ludwig II. ein, als eine Rückschau auf seine gute Verbindung mit ihm, auch
wohl als ein Zeichen, wie hoch er diese gute Verbindung schätzte. Dies wohl
auch als späte Spitze gegen die Aktion der bayerischen Regierung und des
Prinzregenten, ihren König Ludwig II. als geisteskrank zu erklären.

7 Kann Ludwigs Herz seine mangelnde Erfahrung kompensieren?

Ludwig II. im Georgi-ritter-Gewand; der bayerische Ritterorden gilt als der bekannteste der 13 Orden, die nach dem heiligen Georg benannt worden sind.

Ludwig lernte bereitwillig. Seine jugendlichen Eigenheiten nahm das Volk belustigt zur Kenntnis – doch schon recht bald zeichneten sich Konflikte ab. Ludwig vermochte sie nicht zu bewältigen.

An ihren Antrittsreden soll man Politiker besser nicht messen. Wenn aber ein 18-jähriger König, noch im Schockzustand nach dem Tod des Vaters, seine Thronrede hält, wird wohl nicht kaltes Kalkül seine Worte beherrschen. »… ich bringe ein Herz mit auf den Thron, das in väterlicher Liebe für sein Volk schlägt, für seine Wohlfahrt erglüht … Was immer in meinen Kräften steht, will ich tun, um mein Volk zu beglücken; sein Wohl, sein Friede seien allein die Bedingnisse zu meinem eigenen Heil und Frieden …«

Zum königlichen Amt hatte Ludwig als Geschenk der Natur die passende Erscheinung: schlank und stattlich proportioniert, von überragendem Wuchs (1,93 Meter), mit großen träumerischen Augen, schönem, leicht welligem schwarzem Haar – Bewunderung war ihm gewiss. Mit Hingabe machte er sich an seine Aufgaben. Er tat, was man vom König erwartete: Er begann den Tag früh, er sprach eindringlich mit seinen Ministern, zunächst um zu lernen – er fragte sie oft, wie sein Vater entschieden hatte. Er gab jeden Tag Audienzen, sprach mit Diplomaten, war leutselig zum Personal. Das Volk sah seinen König, etwa bei der Fronleichnamsprozession und im Herbst auf dem Oktoberfest. Einige Eigenheiten fand man lustig, schrieb sie seiner Jugend zu: das Vergnügen, versteckt hinter schweren Vorhängen Besucher ungesehen zu beobachten, die Schwäche für lange, weil ungekürzte Klassikeraufführungen im Theater.

Nach der Verfassung verfügte Ludwig über alle Rechte der Staatsgewalt, sollte die gesamte Politik bestimmen, dazu Gerichtsbarkeit und Armee leiten. Der junge König hatte keine Erfahrung. Er hatte gerade angefangen, sich an der Universität Kenntnisse im Staatsrecht anzueignen; Finanzpolitik und Verwaltung waren ihm fremd, ebenso die Feinheiten der Diplomatie. Als er schon im folgenden Jahr in Bad Kissingen die wichtigsten Monarchen Europas, die Kaiser von Österreich-Ungarn und Russland und den preußischen König, empfing, konnte er nichts an den Spannungen ändern, die zwischen den Mächten aufgrund ihrer Streitigkeiten um Schleswig und Holstein herrschten. Es ging um Vormacht, es ging um den Zustand deutscher Monarchien zwischen den Großmächten. Es gab Fra-

»Was immer in meinen Kräften steht, will ich tun, um mein Volk zu beglücken; sein Wohl, sein Friede seien allein die Bedingnisse zu meinem eigenen Heil und Frieden …«
Ludwig II.

Reiterbildnis des Königs, 1866. Der König schätzte sportliche Reitausflüge.

gen, die sich nicht mit den Absolutheitsansprüchen eines jungen Königs lösen ließen.

In München gab es Meinungsverschiedenheiten mit der Ministerialbürokratie. Das Vertrauen zwischen dem König und dem erst neuerdings zum Ministerratsvorsitzenden ernannten Ludwig Freiherr von der Pfordten litt. Da Ludwig wegen wiederholter Unstimmigkeiten von einer Art verfrühter Amtsmüdigkeit heimgesucht wurde, entzog er sich der täglichen Konfrontation mit den untergebenen Vertretern der Politik durch Abwesenheit.

Erfreulicher war ihm sein schönes Bayern abseits von München, zum Beispiel die Schlösser Berg oder Hohenschwangau, auch schätzte er sportliche Reitausflüge. Jedoch ließ sich der junge Herrscher stets alle Vorlagen der Minister schicken, um sie zu studieren und zu beantworten. Er vernachlässigte die Staatsgeschäfte also keineswegs, ersparte sich nur nervenaufreibende mündliche Auseinandersetzungen mit den Ministern (deren Gehorsam ihm, dem König von Gottes Gnaden, gegenüber eigentlich sowieso Priorität haben sollte, vor allen noch so weisen Einwendungen). Die Regierungsoffiziellen sahen das anders.

8 Wie sah das Bayern König Ludwigs aus?

Bayern war ein wichtiger Staat im »Deutschen Bund«, umgeben allerdings von Machtgier und Unzuverlässigkeit. Das Volk war unmündig, die Bürokratie vorherrschend – und der König hatte immer weniger Interesse an der Politik.

Als der 18-jährige König an die Regierung kam, war Bayern schon ein jahrhundertealter Staat. Aber erst seit nicht einmal 60 Jahren umfassten Bayerns Staatsgrenzen so viel Land, unterstanden der Krone so zahlreiche Gebiete: Zu Altbayern und der Oberpfalz waren durch Erbfolge sowie in und nach der Zeit Napoleons die Pfalz und die fränkischen Gebiete (die vorher eigene Staaten, auch geistliche Fürstentümer, waren) zu Bayern geschlagen worden, selbst in Altbayern gehörten nun vormals politisch selbstständige kleine Territorien zum Staat. Die Größe machte Bayern zu einem wichtigen

Dem jungen König fehlte noch der Überblick für die politische Lage nach dem Wiener Kongress 1815.

Mitteleuropa vom Wiener Kongreß bis zum Weltkrieg (1815—1914)

Staat im Bund der deutschen Staaten. Dieser Deutsche Bund war nach dem Wiener Kongress 1815 entstanden. Damals hatten die Fürsten versucht, Ordnung in das politische Gefüge zu bringen, das der besiegte Napoleon I. hinterlassen hatte.

Bayern war seither ein wichtiges Land, aber ein Kleinstaat, umgeben von nicht immer zuverlässigen Freunden und machtgierigen Feinden.

Deutschland als staatliche politische Einheit gab es damals nicht. Der Deutsche Bund umfasste knapp drei Dutzend selbstständige deutschsprachige Länder, Bayern war eines der größeren. Viel wichtiger im Deutschen Bund war Österreich, der mächtige Nachbar. Im Nordosten hatte sich Preußen zu einer großen, militärisch organisierten und zur Expansion entschlossenen Macht entwickelt. Schon aus wirtschaftlichen Gründen wollte man sich dort mit den vielen kleinstaatlichen Grenzen nicht

Mitteleuropa nach dem Wiener Kongress 1815; auf der kleinen Karte ist Mitteleuropa vor Beginn des Ersten Weltkriegs 1914 zu sehen.

Original der handschrift-
lichen Bayerischen Ver-
fassung aus dem Jahr
1818

abfinden. Österreich aber wollte alles lieber bei dem einigermaßen stabilen Gleichgewicht im Deutschen Bund belassen. Ludwigs Vater Maximilian hatte die Vorstellung, süddeutsche Fürsten könnten sich
zusammentun und wären dann stark genug, um sich gegenüber den beiden mächtigsten Ländern Österreich und Preußen zu behaupten. Aber es
gab in vielen deutschen Ländern, auch in Bayern, Leute, die einen Zusammenschluss ohne Österreich gern gesehen hätte, eine »Kleindeutsche
Lösung« nannte man das.

Eine verzwickte Lage, die leicht zu Konflikten führen konnte. Der junge König, der wenig in der aktuellen Politik bewandert war, überblickte wohl die Schwierigkeiten nicht. Er hatte gelernt, dass die Selbstständigkeit des Landes (Souveränität) uneingeschränkt gewahrt bleiben sollte und dass in diesem Bayern der Wille des Königs dank des Gottesgnadentums unangefochten zu gelten hatte. Der König war höchste Gerichtsbarkeit sowie oberster Befehlshaber der Armee und bestimmte, wer Minister wurde.

Für des Königs Macht war, was die Staatsgesetze anbelangt, durch eine Verfassung ziemlich weitgehend gesorgt. Das Volk hatte nichts zu sagen. Von ihm wurden Treue zum Königshaus sowie Willigkeit beim Militärdienst und beim Steuerzahlen verlangt. Die Verfassung (seit 1818, erneuert 1848), sah eine erste Kammer vor, der enge Verwandte des Königs und hoher Adel angehörten, und eine zweite Kammer, indirekt gewählt, die sich aus männlichen Landeigentümern und ständischen Vertretern der Städte, Märkte, der Geistlichkeit und der Universitäten zusammensetzte. Eine sehr starke Bürokratie führte die Regierungsmaßnahmen aus und hatte sich zu einer eigenen Macht ausgewachsen, konnte sogar dem König das Regieren schwer machen. Ludwig II. mochte die Bürokratie nicht. Er versuchte, ihr durch Abwesenheit von München zu entgehen, las und kommentierte jedoch ihre Akten.

Während seiner Regierungszeit formierten sich Parteien, die zu politischen Fragen auch ideologisch eine bestimmte Stellung bezogen. Da waren die sehr konservativen »Patrioten«, für welche die Eigenständigkeit des Landes an erster Stelle stand, weshalb sie eine preußenfeindliche Stellung bezogen. Eine andere Richtung verfolgten die liberalen Kräfte, welche die Reformen vom Ende des 18. Jahrhunderts, eingeführt vom Grafen Montgelas, favorisierten. Sie waren nicht kirchenfreundlich und eher einer kleindeutschen Lösung (s.o.) zugeneigt, auch aus Gründen der Verbesserung der Wirtschaft.

Der König schätzte politische Querelen überhaupt nicht und hielt sich nach Möglichkeit heraus. Es widerte ihn an, wenn sich durch Verwicklungen, ausgelöst durch neue Konstellationen, Spaltungen der politischen Gruppierungen ergaben – zum Beispiel als im Krieg 1870/71 die Mehrheit der Patriotenanhänger angesichts militärischer Erfolge und des Siegesrausches auf die kleindeutsche Seite umschwenkte und das neue deutsche Kaisertum in Berlin begrüßte. Von da an wandte sich der König noch mehr vom politischen Treiben in Bayern ab, baute seine Schlösser und bemühte sich, dafür auch außerhalb Bayerns an finanzielle Mittel zu kommen.

9 Richard Wagner – der beste Freund ein falscher Freund?

Die erste Begegnung steht im Zeichen gegenseitiger Bewunderung, Wagner erhält regelmäßig finanzielle Zuwendungen und des Königs vollste Aufmerksamkeit – er verschweigt ihm aber seine Beziehung und mischt sich in die Regierungsgeschäfte des Königs ein.

Niemanden hat Ludwig II. höher geschätzt als Richard Wagner. Wie hat Wagner es gedankt? Man muss die Geschichte, die Ereignisse befragen: Sie sprechen für sich.

Richard Wagner kränkelt zu Jahresbeginn 1864, ist seit Monaten hoffnungslos verschuldet, flieht im März vor der Schuldhaft aus Wien – Schecks im Wert von über 50 000 Euro werden fällig. In Mariafeld bei Zürich findet er bei Eliza Wille in einem schlecht heizbaren Nebengebäude Unterschlupf. Sie zögert, ihn aufzunehmen, ihr Gatte ist gerade nach Konstantinopel gereist. Bei einem Aufenthalt in München tags zuvor, am 25. März, hat Wagner zum ersten Mal in einem Schaufenster das Bild König Ludwigs II. gesehen. Er ist fasziniert von den »unbegreiflich seelenvollen Zügen« des 18-Jährigen.

Wagner selbst ist 51. Er hat seiner Geliebten Cosima, der Gattin des Dirigenten und Komponisten Hans Guido von Bülow, schon im Jahr zuvor aus Wien Selbstmordgedanken mitgeteilt. Vergebens hat er auf Sanierung seiner Finanzen in Russland gehofft, hat auf die geplante Reise nach St. Petersburg verzichtet.

Doch die Rettung ist nahe. Am 10. März 1864 gekrönt, lässt Ludwig II., Wagner-Bewunderer seit seinem ersten Erlebnis der Oper *Lohengrin*, unverzüglich nach Wagners Aufenthalt forschen. Wagner hat am 30. April den Aufenthalt am Bodensee abbrechen müssen, ist gerade in Stuttgart eingetroffen und will sich in die raue Alb zurückziehen, um die *Meistersinger* zu Ende zu komponieren. Am 3. Mai wird er aufgespürt, der Auftrag des Königs ist erfüllt. Hofrat Franz Seraph von Pfistermeister, zuvor vergeblich in Wien und Zürich auf Wagners Spuren, sucht den verarmten Meister in seinem bescheidenen Hotel auf, lädt ihn ein, sogleich mit ihm nach München zu Ludwig zu fahren. Vom König überbringt er ihm einen Ring, ein Porträt und eine frohe Botschaft: Seine Majestät sei entschlossen, ihn als Freund für immer an seiner Seite jeder Unbill zu entziehen.

Wagner wirft sofort Dankeszeilen aufs Papier: »Diese Tränen himmlischster Rührung sende ich Ihnen, um Ihnen zu sagen, dass nun die Wun-

Porträt Richard Wagners, den Ludwig II. sehr schätzte

der der Poesie wie eine göttliche Wirklichkeit in mein armes, liebebedürftiges Leben getreten sind! – Und dieses Leben, sein letztes Dichten und Tönen gehören nun Ihnen, mein gnadenreicher junger König: Verfügen Sie darüber als Ihr Eigentum.« Die erste Begegnung des Komponisten mit seinem Mäzen am nächsten Tag in der Münchner Residenz steht dann auch ganz im Zeichen gegenseitiger Bewunderung.

Rasch löst der König sein Versprechen ein, setzt Wagner eine jährliche Zahlung aus, mietet für ihn Haus Pellet, ein geräumiges Landhaus am Ostufer des Starnberger Sees in Kempfenhausen, nicht weit vom Wittelsbacher Schloss Berg. Des Königs Schloss und des Künstlers Landhaus sind nur einen kurzen Spaziergang voneinander entfernt. Vom Starnberger Dampfersteg kann man heute, vorbei an braunen Bootshäusern über die Würm und ufernah am Ort Percha, nach Kempfenhausen wandern, zum Landschulheim Kempfenhausen kommen – es ist das gleiche Haus, in dem Richard Wagner neuen Mut schöpfte, verwöhnt vom König mit wahrlich großzügigem Salär.

Was die Freundschaft alles leisten soll! Im Frühsommer 1864 lässt der König den Freund oft mit einer Kutsche abholen oder kommt selbst zum Haus Pellet. Viele Stunden diskutieren sie, bereiten Aufführungen der Wagner-Opern in München vor, planen weit in die Zukunft, voller Begeisterung für die Musik und ihre neue Freundschaft. Im Juni reist dann die Familie Bülow an, Cosima voran mit ihren beiden Töchtern, dann der Gatte, der Komponist und Dirigent Hans von Bülow, an rheumatischem Fieber erkrankt. Wagner und Cosima sind – das wissen nur sie – bereits ein Paar, davon soll auch der König nichts ahnen. Wagner strebt eine Berufung Bülows nach München an.

Damit noch nicht genug: Das nächste große Thema ist der Auftrag, die »Vollendung der Komposition meines Nibelungenwerkes in Angriff zu nehmen«, den Ludwig dem Freund auf dessen Drängen in einer offiziellen Audienz im Oktober erteilt. Honorar: 30 000 Gulden, rund 120 000 Euro. Im gleichen Monat zieht Wagner in das Stadthaus Brienner Straße 21 um, eine Bestlage in der Residenzstadt München, benachbart der Villa des Grafen Schack. Die teuren Teppiche, Samttapeten und Seidenstoffe, aller Luxus des noch nicht wirklich berühmten Maestros sind Tagesgespräch. Aufführungen des *Fliegenden Holländers* und von *Tristan und Isolde* werden zwar Erfolge. Aber die Münchner verstehen ihres Königs Bewunderung nicht, umso weniger, als Wagner doch ein »Barrikadenmann« ist, der seine sächsische Heimat 1849 wegen revolutionärer Umtriebe hat verlassen müssen.

Der König ist übersensibel, was alles Sexuelle betrifft. Ihn verstört ein Betrug, den Wagner dem »gnadenreichen Freund« angetan hat. Als die Presse von einer intimen Beziehung Wagners mit Cosima von Bülow munkelt, beschwört das Paar, dem sei nicht so, und lässt sich vom König eine Bestätigung, einen »Persilschein« zur Entlastung, vor der Öffentlichkeit unter-

> **Wie Wagner sich selbst einschätzte**
> »Ich habe reizbare Nerven; Schönheit, Glanz und Licht muss ich haben! Die Welt ist mir schuldig, was ich brauche! Ich kann nicht leben auf einer elenden Organistenstelle wie Ihr Meister Bach! – Ist es denn eine unerhörte Forderung, wenn ich meine, das bisschen Luxus, das ich leiden mag, komme mir zu? Ich, der ich der Welt und Tausenden Genuss bereite!« (Auf Eliza Willes Landsitz, April 1864)

»Theurer huldvoller König!« Richard Wagner an König Ludwig II., 3. Mai 1864

zeichnen. Ludwigs blauäugige Gutgläubigkeit bringt ihn alsbald in eine peinliche Situation, er bricht die Korrespondenz mit Richard Wagner für Monate ab.

Ungeschickt mischt sich Wagner auch noch ins Regieren ein, will dem König neue Richtlinien der bayerischen Politik geben, spart 1865 nicht mit Ratschlägen, welche Mitarbeiter Ludwig entlassen solle. Das macht sehr böses Blut in der Ministerialbürokratie und unter des Königs nächsten Beratern. Die Presse nimmt die Gerüchte auf, der Ministerrat verlangt die Ausweisung Wagners und droht mit geschlossenem Rücktritt. Die Polizeibehörde sieht die Sicherheit des Königs in Gefahr, das Prestige der Wittelsbacher Dynastie insgesamt droht Schaden zu nehmen.

Schließlich gibt der König nach, am 6. Dezember 1865 schickt er den Oberappellationsgerichtsrat Johann Lutz zu Wagner und teilt ihm die Notwendigkeit seiner Abreise aus München mit.

»Glauben Sie mir, ich musste so handeln«, schreibt er dem Freund am nächsten Morgen. Das Jahresgehalt zahlt er weiter – und später hilft er Wagner zu seinem Festspielhaus in Bayreuth.

»Diese Tränen himmlischster Rührung sende ich Ihnen, um Ihnen zu sagen, dass nun die Wunder der Poesie wie eine göttliche Wirklichkeit in mein armes, liebebedürftiges Leben getreten sind! – Und dieses Leben, sein letztes Dichten und Tönen gehören nun Ihnen, mein gnadenreicher junger König: Verfügen Sie darüber als Ihr Eigentum.«
Richard Wagner

10

Ludwig II. und Richard Wagner – doch noch ein Happy End?

Ein Happy End insofern, als dass Ludwig II. nach acht Jahren Funkstille wieder Geld fließen ließ, das Wagner für das Festspielhaus, seine Villa und Inszinierungen verwandte.

1868 riss das Band der himmelstürmenden Freundschaft zwischen dem jungen König Ludwig und seinem hochgeschätzten Tonkünstler Richard Wagner. Es stellte sich heraus, dass der König eine alsbald veröffentlichte Ehrenerklärung für Cosima von Bülow auf Verlangen des Meisters unter trügerischen Voraussetzungen abgefasst hatte – Richard Wagner lebte damals schon mit der Frau des Dirigenten von Bülow zusammen, sie hatten eine gemeinsame Tochter.

König Ludwig verzieh das nicht, sie sahen sich nicht wieder – acht Jahre lang. Inzwischen hatte Wagner sich einen Ort für ein Festspielhaus gesucht. 1872 wurde auf dem Grünen Hügel in Bayreuth der Grundstein gelegt. Wohl-

Ein Entwurf für die Gralshalle aus der ersten, nicht realisierten Serie der von König Ludwig in Auftrag gegebenen Bühnenbildentwürfe zur Aufführung des *Parzifal* in Bayreuth. Aquarellzeichnung von Christian Jank, 1879

wollend verfolgte der König das Unternehmen, dachte an den 1864 fehlge-
gangenen Plan zurück, Wagner ein Festspielhaus am hohen Isarufer durch
Gottfried Semper bauen zu lassen. Nun war es ein anderer Bau in Bayreuth –
und das Unternehmen geriet bald wieder in Gefahr. Geldmangel! Woher
kam Hilfe? Vom alten Freund, dem König. »So soll es nicht enden! Es muss
da geholfen werden … «

Neben den Kosten für seine Schlossbauten hatte der König nun auch das
Festspielhaus zu bezahlen. 1876 wurden die ersten Festspiele dort eröffnet.
Und der König kam! Sein Eisenbahn-Salonwagen hielt außerhalb der Stadt,
dort, wo einst der Dichter Jean Paul eingekehrt war, bei der Rollwenzelei. In
klarer Sommernacht holte ihn Wagner dort ab, sie saßen dann in der Ere-
mitage stundenlang zusammen und erneuerten die Freundschaft. Am
nächsten Tag war Ludwig bei der *Rheingold*-Probe – er war unerkannt, von
Wagner geführt, ins Festspielhaus gekommen. Einige Tage wohnte der König
in Bayreuth, war bei der *Siegfried*-Probe dabei, kam auch zum dritten Ring-
Zyklus dieser ersten Festspiele und reiste dann gleich wieder ab.

Trotz des großen Erfolgs der Aufführungen generierten die Festspiele
Schulden, wieder sprang der König mit beachtlichen Summen ein. 1872
bekam das Festspielhaus einen balkongekrönten Vorbau, von dem bis heute
der Eröffnungsruf geblasen wird: den Königsbau. Auch seine Villa, die Wagner sich bauen ließ, wurde vom König gestiftet. Trotz Sorgen und Ärger, die
sein Künstlerleben brachte, ließ Wagner das Haus »Wahnfried« nennen –
»wo mein Wähnen Frieden fand«. Zu den Festspielen 1882 kam Ludwig
schon nicht mehr. Doch vor dem Haus Wahnfried steht seine Büste.

Das Festspielhaus in
Bayreuth – zur Eröffnung
im Jahr 1876 erneuerten
Ludwig und Richard
Wagner ihre Freund-
schaft. Aquarellzeich-
nung von Susanne
Schinkel, 1876

Ludwig war verlobt – warum war er nicht verheiratet?

Ludwig verstand sich gut mit den beiden Schwestern Elisabeth, später Sisi genannt, und Sophie. Sie waren beliebte Spielgefährtinnen auf Schloss Possenhofen – seine Liebe galt jedoch früh einem anderen.

Die Szene dieser traurigen Ereignisse ist eine Idylle am Starnberger See, in die sich Ludwig mehr als ein Mal vor der verhassten Gesellschaft der Residenzstadt flüchtete. Die Wittelsbacher Königsfamilie besaß dort das Schloss Berg – am Ostufer, wo Ludwig und sein Bruder schon als Kinder die Sommerwochen verbrachten. Am Westufer war Verwandtschaft zu besuchen: Im Schloss Possenhofen residierte die herzoglich-wittelsbachische Familie mit großer Kinderschar, besonders ansehnlichen Töchtern, bewunderten und beliebten Spielgefährtinnen der königlichen Prinzen.

Elisabeth, Lisi genannt (der Name wurde später in Sisi verändert), war einige Jahre älter als Ludwig, bewundert wegen ihrer Schönheit und Eleganz. Außer ihr gab es noch vier Schwestern; die jüngste, zwei Jahre jünger als Ludwig, war fast so hübsch wie Sisi, sie hieß Sophie. Insgesamt waren es acht herzogliche Kinder, die da in Possenhofen ein ländliches, meist unbeschwertes Leben führten.

Dieses Familienleben wurde in einigen deutschen Sisi-Filmen, etwa *Sissi – Die junge Kaiserin,* sehr geschönt dem Zuschauer als heile Welt dargestellt.

Man muss von dieser sonnigen Filmszenerie absehen, wenn man von der traurig-peinlichen Geschichte berichtet, die sich mit dem jungen König und seiner Verwandten ereignete.

Aber zunächst ein Blick ins Familienbuch: Wer waren diese Wittelsbacher Herzöge? Die herzogliche Linie war ein Zweig der Wittelsbacher, dessen jeweiliges Oberhaupt seit 1799 (dem Jahr, als Maximilian I. Joseph, Urgroßvater Ludwigs II., Kurfürst von Pfalz-Bayern wurde) den Titel »Herzog in Bayern« trug. Der Titel gewann eher noch an Ansehen, als von 1806 an Maximilian I. und seine Nachkommen Könige wurden.

Der Sohn und Nachfolger des ersten Herzogs in Bayern namens Pius August war sehr unkonventionell in seinem Lebenswandel, wurde später aber zu einem eremitenhaften Büßer. Inzwischen nahm sich der erste bayerische König, Max I. Joseph, seines familienlosen (seine Mutter starb früh) Nachfolgers Max an, erzog ihn zu einem erfreulichen »Herzog in Bayern«

und gab ihm eine seiner Töchter, Ludovika, zur Frau. Und hiermit haben wir das Paar, das in Possenhofen Eltern der herzoglichen Kinderschar einschließlich Sisi war.

Vater Max war ein Mann, der freiheitlich-leutselige Ansichten mit konservativer Kultur kombinierte, hochgebildet, bekannt für sein Zitherspiel und seine ungekünstelte ländliche und zugleich weltoffene Art. Ludovika hielt entschieden mehr auf Einhaltung von Etikette und Wahrung von adeligem Rang. Eine ihrer großen Sorgen war, die fünf Töchter in hochadeligen Häusern unter die Haube – oder besser: Krone – zu bringen. Ihr »Haupttreffer« war dabei die Heirat der (zweitältesten) Tochter Elisabeth mit dem österreichischen Kaiser Franz Joseph 1854.

Sophie, die jüngste der herzoglichen Töchter, hatte auf Ludwig Eindruck gemacht – das behauptete jedenfalls der Großvater Ludwig I. Das war 1863, bevor Ludwig II. König wurde. Aber man weiß, dass in jenen Jahren niemand auf Ludwig so viel Eindruck machte wie Richard Wagner beziehungsweise dessen Musik. Wie passend, dass in den nächsten Jahren, da Ludwig wie gewohnt von Schloss Berg aus gerne Besuch in Possenhofen machte, auch Sophie von Wagner schwärmte. Musik und Dichtung waren beseligende Themen für beide. Ludwig nannte Sophie »Elsa«, nach dem *Lohengrin*-Musikdrama, sie ihn im Gegenzug »Heinrich«. In Briefen an Wagner jubelte Ludwig über die verständnisvolle Freundin, auch zwischen Ludwig und Sophie gingen zahlreiche Briefe hin und her.

Prinzessin Sophie Charlotte, die König Ludwig in einem Brief an Richard Wagner als verständnisvolle Freundin pries

Auftritt der wachsamen Brautmutter-in-spe Ludovika: Wenn in deren Sinne etwas, nämlich eine Heirat, aus der Geschichte werden sollte, konnte das Schwärmen nicht so weitergehen. Es drohte Rufschädigung der jungen Dame! Schreckliche Vorstellung, sie könnte nur Gespielin des Königs werden! Offizieller Antrag, offizielle Ankündigung, offizieller Brautstand mussten her! Herzogin Ludovika (Herzog Max hielt sich noch gemütlich im Hintergrund) schickte den Sohn Karl Theodor zum König, Thema: ernste Absichten … Ludwig, 21, erklärte unschuldig, er sei nicht aufgelegt zum Heiraten. Ludovika verbot daraufhin den Briefverkehr und die persönlichen Treffen. In einem Brief, den Ludwig noch durch die Herzogin-Zensur brachte, konnte er Sophie nur mitteilen: »… nie wirst du aufhören, mir teuer zu sein.« Das klingt nicht gerade voller Leidenschaft.

Und wirklich: An erster Stelle stand für den jungen König immer noch sein Idol Richard Wagner. Er ging so weit, sein Leben nur für die Dauer der Lebenszeit des über 30 Jahre Älteren für lebenswert zu halten – er wolle seinen verehrten Freund eines Tages nicht überleben, ließ der König wissen.

Andererseits entschloss sich der junge König plötzlich doch zur Verlobung. Lag es an seiner Rührung über den Trennungsschmerz der Freundin Sophie, von dem er hörte? Oder war es eine plötzliche Anwandlung, sich den Erfordernissen des Lebens und seiner dynastischen Rolle zu stellen? Jedenfalls fragte er offenbar spontan in einer Januarnacht brieflich bei Sophie an: »Willst du meine Gattin werden? Genossin meines Thrones? Königin von Bayern?« Die Verlobung wurde offiziell verkündet, nach Verhandlungen der Hochzeitstermin festgelegt und die (ziemlich linkische) Fotografie der Verlobten überall in München gezeigt. Es hätte zu einem glücklichen Ende kommen können – wenn die beiderseitige Liebe und Zuneigung stark genug gewesen wären. Aber Ludwig hatte innerlich starke Vorbehalte, was Liebe betraf. Er hatte sich gegen die Sinnlichkeit in Beziehungen zum anderen Geschlecht ausgesprochen: »… diese verdamme ich.« Möglicherweise war das der Hauptgrund dafür, dass er den Heiratstermin immer weiter hinausschieben ließ.

Inzwischen fiel er der herzoglichen Familie mit spontanen nächtlichen Besuchen in Possenhofen auf die Nerven (bei denen das ganze königliche Zeremoniell – Festbeleuchtung, zahlreiche Dienerschaft – bereitzuhalten war). Ludwig stellte in Aussicht, nach der Eheschließung in seiner bisherigen Wohnung in der Residenz zu verbleiben, während Sophie Zimmer in einem

> »Willst du meine Gattin werden? Genossin meines Thrones? Königin von Bayern?«
> Ludwig II.

König Ludwig II. und Prinzessin Sophie Charlotte: Die Verlobung wurde offiziell verkündet, der Hochzeitstermin festgelegt, aber beider Liebe war nicht stark genug; die Verlobung wurde wieder aufgelöst, und Sophie Charlotte heiratete ein Jahr später den Prinzen Bourbon-Orléans.

anderen Stockwerk zu beziehen habe. »Er spielt mit mir!«, soll die Braut vorwurfsvoll gesagt haben. Seltsam erschien es vielen Beobachtern, dass der König während der Verlobungszeit seine Reise nach Frankreich unternahm.

Als der König noch einmal den Hochzeitstermin hinausschob, riss Herzog Max, dem Brautvater, die Geduld. Er stellte seinem König ein Ultimatum (Majestätsbeleidigung!). Am 7. Oktober wurde die Verlobung gelöst. Ludwig schob die Hauptschuld des Scheiterns auf Ludovika, die Brautmutter, aber dennoch war er erleichtert. Und Sophie? Sie schob die Schuld wohl auf Hof- und familiäre Intrigen. Man sagt ihr nach, sie habe sich durch heimliche Rendezvous mit einem jungen Hoffotografen getröstet. Nach einem Jahr heiratete sie dann einen Prinzen Bourbon-Orléans. Es wurde eine unruhige Ehe. Bei Sophie stellte sich die Neigung zu Depressionen heraus.

Kaiserin Elisabeth tadelte das Verhalten Ludwigs mit entschiedenen Worten. Es dauerte eine Weile, bis sie ihre Freundschaft mit dem König wiederherstellte. Dieser gab sich nun wieder ungestört seiner Bewunderung, ja Schwärmerei für Richard Wagner hin.

12 Königliches Schwärmen – was verband Kaiserin Elisabeth und Ludwig II.?

Das sportliche Reiten und das Wandern in der Natur, die Liebe zu Musik und Poesie verbindet die beiden – und ein kindliches Schwärmen, das sie auch in späteren Jahren nicht ablegen.

Im Kreise ihrer zahlreichen Geschwister im elterlichen Schloss Possenhofen am Starnberger See wurde sie Lisi genannt. So unterschrieb sie auch persönliche Briefe – in der damals üblichen Schrift, wo das L dem S in der später gängigen Handschrift so ähnlich war. Hätten wir nur Tonaufnahmen aus dieser Zeit, wäre uns die Kaiserin als Lisi überliefert. Recht gut gepasst hätte das zweifellos zu den mädchenhaften Schwärmereien, denen sie ihr Leben lang nachhing.

Porträt der 15-jährigen Kaiserin Elisabeth von Österreich vor Schloss Possenhofen

Nun, für uns ist sie Sis(s)i aus dem herzoglich-wittelsbachischen Hause, acht Jahre älter als Cousin Ludwig, der zu Kinderspielen schon als kleiner Bub zu den Verwandten kam, in die ländliche Idylle am Seeufer. Cousin zweiten Grades war er, noch dazu um eine Generation versetzt, sodass die Herzogskinder allesamt Ludwigs Tanten oder Onkel waren. Das tat der jugendlich-freundschaftlichen Verbindung keinen Abbruch. Gemeinsame Vorlieben waren das sportliche Reiten und das Wandern in freier Natur. Sisi verließ die Possenhofener Szene mit 15 Jahren. Ihre wackere Mutter Ludo-

O.W. Fischer und Ruth Leuwerik geben in einer Verfilmung aus dem Jahr 1954 König Ludwig II. und Kaiserin Elisabeth.

Das Ölgemälde aus dem Jahr 1882 zeigt Kaiserin Elisabeth von Österreich in der Hermesvilla im Lainzer Tiergarten, einem ehemals eingefriedeten Jagdgebiet in Wien.

vika hatte die willkommene Gelegenheit ergriffen, sie am Wiener Kaiserhof unter die Haube und in die Hände des verliebten Franz Joseph zu bringen.

1864: Ludwig, frisch gekrönt, 18-jährig und bildschön, hat die Ehre, im bayerischen Bad Kissingen eine Auslese gekrönter Häupter zu empfangen: Zar und Zarin von Russland und Kaiser und Kaiserin von Österreich. Die Ehe des österreichischen Kaiserpaars war nicht glücklich. Sisi vermisste an ihrem Ehemann einerseits Feinfühligkeit und Liebe zu Musik und Poesie, andererseits Durchsetzungskraft seiner Mutter gegenüber. Diese nahm in der Familie den Part der schwierigen, bestimmenden Schwiegermutter ein. Mit Ludwig II. konnte Sisi wieder alte Gemeinsamkeiten pflegen, schwärmen, fabulieren – in innigem gegenseitigem Verstehen. Die bezaubernd schöne Natur des Alpenlandes begeisterte beide.

Ein wunderschöner Treffpunkt war die Insel Wörth mit den vielen Arten von Bäumen, den Rosenbeeten und schattigen Uferbuchten, heute heißt sie Roseninsel. Ludwigs Vater, Maximilian II., hatte dort eine kleine Villa, Casino genannt, bauen lassen. Im Casino gab es einen Schreibtisch, in dessen Geheimfach, heißt es, König und Kaiserin Briefe hinterließen, wenn sie sich nicht treffen konnten.

Zu einer heftigen Verstimmung kam es, als Ludwig seine Verlobung mit Elisabeths Schwester Sophie auflöste. Elisabeth war empört, doch die Freundschaft wurde dadurch nicht nachhaltig getrübt. Ein Jahr vor Ludwigs Tod schrieb die Kaiserin ein Gedicht in Erinnerung an die gemeinsamen Zeiten am See:

Du Adler dort hoch auf dem Berg,
Dir schickt die Möwe der See
einen Gruß von schäumenden Wogen
hinauf zum ewigen Schnee.

Einst sind wir einander begegnet
vor urgrauer Ewigkeit
am Spiegel des lieblichen Sees
zur blühenden Rosenzeit.

Stumm flogen wir nebeneinander,
versunken in tiefer Ruh …
Ein Schwarzer nur sang seine Lieder
im kleinen Kahne dazu.

Als Ludwig II. 1886 zu Tode kam, war Elisabeth wieder am See – am anderen Ufer. Das gab zu Spekulationen Anlass: Hatte sie ihm zur Flucht verhelfen wollen? Aber dafür gibt es keinerlei Beweise. Beide lebten als königliche Außenseiter.

»Wie sehr ich über den König empört bin und der Kaiser auch, kannst Du Dir vorstellen. Es gibt keinen Ausdruck für ein solches Benehmen. Ich begreife nur nicht, wie er sich wieder sehen lassen kann in München, nach allem, was vorgefallen ist. Ich bin nur froh, dass Sophie es so nimmt, glücklich hätte sie weiß Gott mit so einem Mann nicht werden können.«
Sisis Protest gegen Ludwigs Trennung von seiner Verlobten, Brief an ihre Mutter Ludovika

13

Majestät, warum bauen Sie so viele Schlösser?

Von Ludwig II. selbst erhielt man darüber keine Antwort; es lässt sich also nur mutmaßen, ob die Schlösser seiner Vorstellung von königlicher Größe oder von geeignetem Wohnen in der Alpenlandschaft entsprachen – oder ob sie als Hommage an vergangene Zeiten zu verstehen sind, als der König noch eine göttliche Macht für sich in Anspruch nahm.

Wer es riskierte, den König so direkt anzusprechen, verstieß gegen das Zeremoniell am Hofe und – noch schlimmer – gegen Ludwigs Empfindlichkeit, seine Abneigung gegen alle Versuche, Einblick in seine Privatsphäre zu gestatten. »Allerhöchstderselbe«, wie Ludwigs Personal den Herrscher anzusprechen hatte, ließ neugierige Frager stehen oder ignorierte sie.

Ludwigs Schweigen war auf seine Art freilich auch eine Antwort. Er sah sich selbst als den König, der niemandem Auskünfte zu geben brauchte. Und schon gar nicht, wenn es um seine Flucht vor der Öffentlichkeit ging. Das Volk hatte ihn bei seiner Krönung umjubelt, doch sehr bald befremdete Ludwigs Enthaltung von fast allen offiziellen Festen und anderen Veranstaltungen. Baute er seine Schlösser, um sich unsichtbar zu machen?

Ein guter Kenner deutscher und österreichischer Geschichte im 19. Jahrhundert, Franz Herre, hat schon 1986 über »Wahrheit und Legende« im Leben Ludwigs II. geschrieben. Im Kapitel »Fluchtburgen und Traumschlösser« gab Herre den Schlossbauten des Königs eine einleuchtende Doppeldeutung. Ludwig brauchte die Schlösser zum einen als ideale Wohnstätten in der geliebten Alpenlandschaft, zum anderen, weil jedes von ihnen in anderer Gestalt seine idealen Vorstellungen von königlicher Grandeur unübersehbar machte. Freilich huldigte der Bauherr in der zweiten Hälfte des 19. Jahrhunderts bereits damals vergangenen Zeiten. Freie Wahlen, Parlamente und das Selbstbestimmungsrecht der Bürger lösten in Europa die uneingeschränkte königliche Von-Gottes-Gnaden-Macht ab.

Das gibt den Schlössern Ludwigs II. im Rückblick eine Aura von Melancholie, eine Museumsstimmung. Zu ihrer Faszination trägt Ludwigs Persönlichkeit bei. Die Besucher kommen in Millionenzahl, gerade weil sie wissen, dass sie keine Museen betreten, sondern Einblick in das Lebenswerk eines königlichen Außenseiters gewinnen.

Sein vorzeitiger, ungeklärter Tod steigert dieses Gefühl des ganz Außerordentlichen noch. Viele Besucher wünschen sich, der König hätte 20 oder

30 Jahre länger gelebt und gangbare Finanzierungswege für seine Architekturträume gefunden. Wäre das der Fall gewesen, fänden Bewunderer auch einen orientalischen, einen chinesischen Palast und noch manches mehr zwischen Allgäu und Berchtesgaden. Ludwig II. ging übrigens fast bei jedem seiner Schlösser sehr behutsam mit der Landschaft um.

Ludwigs Art zu bauen, ohne die Natur zu ruinieren, zeigt seine Einstellung zum technischen Fortschritt. Wie mit dem umzugehen sei, machte er durch seinen Hofsekretär Lorenz von Düfflipp publik. »Es kann doch wohl kein Zweifel darüber bestehen, dass die inzwischen gemachten Errungenschaften im Gebiet der Kunst und Wissenschaften uns auch bei dem unternommenen Bau zugutekommen müssen«, teilte Düfflipp mit. Und: Man dürfe und könne sich nicht ganz in die alte Zeit zurückversetzen. Die seither gemachten Erfahrungen müssten berücksichtigt werden. Und, zur weiteren Rechtfertigung dieses Verfahrens: Sicherlich wären diese modernen Errungenschaften schon damals verwendet worden, wenn sie bestanden hätten.

Weitaus wichtiger wurde die intensive Arbeit mit Handwerkern und Kunsthandwerkern. Ludwig war ein Bauherr mit genauesten Kenntnissen. Er studierte Fachbücher, machte sich kundig über persische Teppiche – ein Perfektionist, der von seinen Arbeitern am Bau den gleichen Perfektionismus einforderte. Das schloss späte Korrekturen am eigenen Entwurf nicht aus. Wenn gar zwei- und dreimal an gleicher Stelle nachgebessert, umgebaut und nochmals umgebaut wurde, stimmten am Ende Vorstellung und Ausführung überein, doch die Kosten waren explodiert.

Der Holzstich präsentiert den Wohnsitz und die Schlossbauten König Ludwigs II. auf einen Blick: Berg, Herrenchiemsee, Monopteros in Linderhof, Hohenschwangau, Linderhof und Neuschwanstein.

König Ludwig II. um 1864. Er blieb uns zeitlebens eine Antwort schuldig, weshalb er so viele Schlösser erbaute.

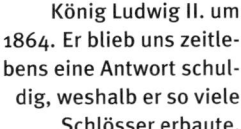

Der verhohlen oder auch unverhohlen geäußerten Kritik an Ludwigs Schlösserbau stand auf der positiven Seite die wieder wachsende Qualität des bayerischen Kunsthandwerks gegenüber. Zugleich kamen die entsprechenden Münchner und bayerischen Firmen zu großen Aufträgen. Noch vorhandene Abrechnungen und Auftragsbücher nennen eine Vielzahl von Architekten, Malern, Bildhauern, Metallarbeitern und Stuckateuren. Spezialitäten wie fein bemaltes Porzellan wurden allerdings in Dresden oder bei französischen Firmen bestellt.

Jedes seiner Traumschlösser symbolisierte eine andere Zeit, eine andere Form von Königsherrschaft. Das Bauprogramm für Neuschwanstein begann gleich vis-à-vis von Schloss Hohenschwangau, jener alten Burg, die ursprünglich Schwanstein hieß – nach den Herren von Schwangau. Sie war im 16. Jahrhundert in Wittelsbacher Besitz gekommen und dann veräußert worden. Erst 1832 hatte Ludwigs Vater Maximilian II. sie zurückerworben und restauriert. Die Zeiten, die Ludwig als Kind und junger Mann dort verbrachte, waren wohl die besten seiner Jugend. So beschloss er, sein Verlangen nach einem Neubau »im echten Styl der alten deutschen Ritterburgen« auf dieser Felshöhe zu verwirklichen, auf der nur noch Reste der Burg Vorderhohenschwangau weggeräumt werden mussten.

Fast gleichzeitig mit Neuschwanstein, aber mit kürzerer Planungszeit und einem ganz anderen Konzept, begannen 1868 die Bauarbeiten an Schloss Linderhof. Mit Neuschwanstein entwarf Ludwig einen Bau von mythischer Bedeutung, an die germanische Sagenwelt erinnernd, und zugleich eine Huldigung an die Opernwelt des Freundes Richard Wagner. Schon ein Jahr zuvor, 1867, hatte er am Alpsee ein Fest im Zeichen Wagners veranstaltet. Bei der Illumination (mit elektrischem Licht!) zog ein großer künstlicher Schwan das Boot mit Lohengrins Gestalt über den See. Ein Orchester spielte Musik aus Wagners *Lohengrin*.

Ganz anders der Entwurf von Schloss Linderhof: Mit der Architektur des 18. Jahrhunderts und des »Grand Siècle« beschwört Ludwig II. den französischen Ludwig XIV. und dessen absolutistisches Herrschermotto »L'État, c'est moi!« Seine Bewunderung erstaunt insofern, als er Kriege abscheulich fand. Wohl allzu einseitig war Ludwig auf die Grandeur des Bourbonenkönigs fixiert und auf das Prestige der üppigen Barockarchitektur. Wie konnte Ludwig dessen Macht bewundern, die zu immer neuen Versuchen der Machterweiterung missbraucht wurde, bis hin zu der rabiaten Verwüstung der Pfalz?

Im Park von Schloss Linderhof deutet der Maurische Kiosk auf das Interesse Ludwigs an der Welt des Orients. Kenner seiner Schlösservielfalt erinnern sich an die Berghütte Schachenschloss, wo sich der König ein orientalisches Refugium geschaffen hatte.

Warum hat Ludwig II. so viele Schlösser bauen lassen? Seine Majestät war am Schönen in vielerlei Gestalt interessiert. Und zugleich waren ihm Schlösser und Burgen die verlässlichsten Zeichen königlicher Macht. Dass zu seiner Lebenszeit mehr und mehr Schlösser und Burgen in den Privatbesitz von Industriemanagern übergingen – hat er es wahrgenommen? Dass ihm der Wandel nicht entging, bestätigt er mit seinem Wort über den Orient: Diese Gegenden »haben etwas für mich unaussprechlich Anziehendes, Sehnsucht und selige Wonnen Erweckendes … nicht zuletzt deshalb, weil bei diesen Ländern allein die Entfaltung eines größeren Herrscherglanzes möglich scheint«.

Ihre Lieblingsfantasien, Königliche Majestät?

Ein Wintergarten, der den Besucher in eine indisch-orientalische Zauberwelt entführt, ein monumentales Gewölbe aus Glas und Eisen inklusive einem Teich, auf dem man Bootsfahrten unter Regenbogen-Farbspielen genießen konnte.

Schon der Vater hatte einen gepflegten Wintergarten an der Südostecke der Residenz, zum Nationaltheater und zur Maximilianstraße hin. Den väterlichen Wintergarten stellte der Sohn weit in den Schatten: Ludwig II. ließ auf dem Dach der Residenz mit damals modernster Technik aus Glas und Eisen ein monumentales Tonnengewölbe für eine orientalisch-indische Zauberwelt erschaffen. Dieses üppig grünende Ambiente wurde von Gärtnern gepflegt und von Künstlern fantastisch ausgestattet. Indische Dichtungen, voran das Drama *Sakuntala*, das schon Goethe und Schiller begeistert hatte, ein Werk des Poeten Kalidasa aus dem 5. Jahrhundert, ebenso auch Kalidasas Märchen *Urvasi* kamen nicht nur auf die Bühne, sie wirkten auch auf das Wintergarten-Ambiente.

Lebende Papageien und Kolibris, so ist überliefert, hausten im Palmenhausgrün. Das Verlangen nach Lebendigem in seiner Fantasiewelt weckte Wünsche im jugendlichen König: Ein Gazellenpaar und ein junger Elefant wurden bestellt, kamen am Ende aber doch nicht in dem exotischen Para-

Der maurische Kiosk im von Ludwig auf dem Dach der Münchner Residenz angelegten Wintergarten, der in eine orientalisch-indische Zauberwelt entführte – die erhaltenen Fotografien vermögen die faszinierende Schöpfung kaum wiederzugeben.

dies an. Stattdessen gab es Regenbogen-Farbspiele und einen Teich, auf dem man sogar Boot fahren konnte – fast wie Lohengrin mit seinem Schwan. Die erste Inspiration zu dem fantastischen Werk hatte Ludwig wohl auf der Weltausstellung in Paris angesichts eines prächtigen Palmenhauses. Die erhaltenen Fotos liefern nur ein dürftiges Bild dieser königlichen Schöpfung.

Gäste ließ Ludwig nur selten in sein Refugium auf dem Residenzdach, lud aber Sängerinnen ein – wie die Sopranistin Josefine Scheffzky, die den König mit ihrer Gesangskunst erfreute, sich dabei aber in den Laubengängen aufzuhalten und zu verbergen hatte. Ihre allzu füllige Figur passte nicht in das Fantasiebild des Kunstgartens vor dem Himalaya-Horizont. Dieses opulente Monumentalgemälde, ein Werk des bewährten Bühnenmalers Christian Jank, beherrschte die größte Wandfläche. Eine andere Überlieferung berichtet von einer Sängerin, die aus dem Boot in das seichte Wasser stürzte, wohl in der Erwartung, vom König persönlich gerettet zu werden. Der empfand die Szene als eine Zumutung und klingelte seinem Lakai. Er wollte die Dame nie mehr wiedersehen.

Das Wasser des künstlichen Sees war letztlich wohl die entscheidende Ursache für den Entschluss zum Abriss des künstlichen Paradieses im Jahr 1897. Dauernd gab es Wasserschäden, nicht nur in dem Wintergarten selbst, sondern auch in den Räumen der Residenz darunter.

Infantin Maria de la Paz bewundert den Wintergarten

Als Ehefrau seines Vetters Prinz Ludwig Ferdinand genoss sie den Vorzug, von Ludwig II. durch den exquisiten Dachgarten geführt zu werden, und Maria de La Paz gibt einen anschaulichen Bericht: »… lächelnd hob der König den Vorhang zur Seite. Ich war verblüfft; denn ich sah einen riesigen, auf venezianische Art beleuchteten Garten mit Palmen, einem See, Brücken, Hütten und schlossartigen Bauwerken. ›Geh‹, sagte der König, und ich folgte ihm fasziniert, wie Dante Vergil ins Paradies. Ein Papagei schaukelte in einem goldenen Reif und schrie mir ›Guten Abend‹ entgegen, während ein Pfau gravitätisch vorüberstolzierte. Wir gingen auf einer primitiven Holzbrücke über einen beleuchteten See und sahen zwischen Kastanienbäumen vor uns eine indische Stadt … «

15

Warum ist Schloss Neuschwanstein eine geträumte Ritterburg?

Wasserhahn in Form
eines Schwans in der
Küche des Schlosses
Neuschwanstein

Ein Jugendwunsch, von dem sich der König nicht mehr abbringen ließ, verfestigt durch Besuche auf der Wartburg und die intensiven Erinnerungen an Wagner-Opern, insbesondere *Tannhäuser* und *Lohengrin*.

Schwärmend schrieb Ludwig 1868 an Richard Wagner über seinen Traum von einem neuen Schloss gegenüber dem von Jugend an vertrauten Hohenschwangau: »Ich habe die Absicht, die alte Burgruine … aufbauen zu lassen im echten Stil der deutschen Ritterburgen … der Punkt ist einer der schönsten, die zu finden sind, heilig und unnahbar.«

Der König schreibt weiter von Erinnerungen an Wagner-Opern, speziell an den Sängersaal aus *Tannhäuser* und den Burghof aus *Lohengrin*, gebraucht außerdem das Wort »wohnlich« als Ziel seiner Bauabsicht, ein Affront gegen den nüchternen Lebensstil seiner Mutter in Hohenschwangau. Es war wohl ein Jugendwunsch, über der Pöllatschlucht eine Idealburg zu sehen. Nichts konnte den König davon abbringen.

Die Kosten waren hoch, es mussten die mittelalterlichen Ruinen weggeräumt und ein Felsplateau freigesprengt werden. Zur Vorbereitung reiste Ludwig auf die thüringische Wartburg, um eine Originalburg zu besichtigen, und nach Pierrefonds in Frankreich, wo der berühmte Architekt und Kunsthistoriker Viollet-le-Duc eine mächtige Idealburg neugotisch errichtet hatte. Zur Wartburg wurden auch die Herren Emil von Riedel (Architekt), Christian Jank (Bühnenbildner) und Lorenz von Düfflipp (Kabinettssekretär) geschickt. Die vergleichsweise enorm lange Bauzeit von über zwölf Jahren wurde von der Schwierigkeit des Geländes, aber auch von immer neuen Änderungswünschen des Königs verursacht. Erst nach zwölf Jahren konnte er zum ersten Mal auf seiner »Gralsburg« übernachten. Richard Wagner kam dem Wunsch des Königs nicht nach, diesen Ort zu besuchen, der Ludwig so viel bedeutete: alte Burgenherrlichkeit, die poetische Welt der Wagne-Opern und die Freude an der einsamen Bergnatur.

Fertig wurde der Bau erst nach Ludwigs tragischem Tod – und schon sechs Wochen nach der Beisetzung begann der bis heute nicht versiegende Besucherstrom. Jetzt sind es jährlich bis zu 1,3 Millionen Besucher oder noch mehr. Den Verwaltern dieser weltweit berühmten Burg werden damit logistische Meisterleistungen abgefordert. Wie bringt man bis zu 10 000 Besucher an einem Tag in großen Gruppen über schmale Treppen durch die Hallen und

Schloss Neuschwanstein bei Füssen, das wohl populärste Bauwerk Ludwigs II.

die vergleichsweise engen Wohngemächer des Königs? Dieser verfügte übrigens kurz vor seinem Tode, diese geheiligten Räume »sollten nicht von Neugierigen profaniert werden«. Besucher, die sich nicht ins Gedränge begeben wollen, können sich gegen Aufpreis zu einer Abendführung anmelden.

Inzwischen ist bekannt – nachgewiesen hat es der Kunsthistoriker Michael Petzet –, dass die prächtigsten Innenräume Nachbauten von Münchner Bühnenbildern aus Aufführungen von Wagners Opern sind. Der Thronsaal, den Julius Hofmann 1881 entwarf, geht auf das Bühnenbild der Gralshalle aus dem *Parzival* zurück. Die byzantinisch inspirierte, gleichsam goldgefasste Architektur formt einen apsisartigen Abschluss, in der Bilder von sechs heiliggesprochenen Königen die Reinheit und Unverletzlichkeit des Königtums darstellen sollen.

Die Sängerhalle im Oberstock mit herrlichen Landschaftsausblicken ist vom *Lohengrin* und mehr noch vom *Tannhäuser* inspiriert. Die Wartburg mit der Sängerlaube des dortigen Sängersaals diente als Beispiel, Ludwig hat es mit seinen Architekten übertroffen (neben Riedel vor allem Georg von Dollmann und Julius Hofmann).

Bühnenbilder von Münchner Aufführungen der Wagner-Opern sind auch im Burghof und in der Kemenate erkennbar.

Der vielfältige handwerkliche und künstlerische Aufwand schuf im Land ringsum sehr viele Arbeitsplätze und hob nebenbei das Niveau der Handwerkskunst. Der König ließ beim Bau von Neuschwanstein eine Unfallversicherung für seine Arbeiter einrichten – einzigartig für die damalige Zeit. Als 1886 die Kommission eintraf, um den König zu entmündigen und in Gewahrsam zu nehmen, rottete sich das Volk in verständlichem Zorn zusammen.

Der Traum des Königs mitten in herrlicher Berglandschaft wird bewundert und gefeiert, auch wenn ein Teil des Schlosses, der geplante Bergfried, nie gebaut werden konnte.

16

Welche Träume wollte der König in Linderhof verwirklichen?

Wieder sind es mehrere Vorstellungen, die sich in einem Bauwerk vereinen: die Hommage an den Sonnenkönig Ludwig XIV., dessen absolutistischen Herrschaftsanspruch Ludwig sehr bewunderte, der Wunsch, den Stil einer Epoche nachzubilden, und die Erschaffung eines Rückzugsorts, ja eines Paradieses.

Im Graswangtal, kurz vor der Tiroler Grenze, besaß König Maximilian II. eine einfache bäuerliche Jagdhütte. Ludwig II. liebte diese Hütte – obwohl er die Jagd verabscheute – und wählte 1868, also 23 Jahre jung, diesen Platz für ein »Königshäuschen«, einen kleinen Pavillon mit Garten. »Das Ganze wird sich allerliebst ausnehmen«, schrieb er mit dem Auftrag für Entwürfe an den Kabinettssekretär Düfflipp. Er wünschte, diesen Ort im Stil des Barock und Rokoko zu gestalten, immer mit dem Gedanken an den bewunderten Louis XIV. von Frankreich, dessen absolutes Herrschertum Ludwigs Auffassung von Königswürde so sehr entsprach. »L'État, c'est moi« fügte er zum Anagramm als »Meicost Ettal« (der Klosterort Ettal liegt östlich im selben Tal).

Ein Paradies wollte der König sich hier schaffen, einen Rückzugsort von der »schauderhaften Zeit«. Der Stil des Schlösschens ist eine Mischung aus verschiedenen Vorbildern barocker Bauten, mit Elementen des Rokoko beim Dekor. Finanziell stand Ludwig damals noch gut da. Der Tod seines Großvaters Ludwigs I. im Februar hatte seine Einkünfte erheblich vergrößert.

Die Fassade krönt ein überreicher Ziergiebel. Und im Innern ist die Pracht der Vergoldungen, der Gemälde und Kristalllüster kaum zu überbieten. Am prächtigsten ist das königliche Schlafzimmer, das nach dem Vorbild – jedoch nicht als Imitation – der Zimmer in der Münchner Residenz ausgestattet wurde. Es gibt ein Speisezimmer mit Ausblick, in dem ein versenkbarer Tisch dem König erlaubte, ohne Störung durch Bedienstete zu speisen. Neben Weiß und Gold herrschen zarte Farben in den Gemächern: Gelb, Lila, Rosa und Blau. Keinen bestimmten Bau, wohl aber den Stil einer Epoche wollte er kopieren.

Doch nicht genug. In der Umgebung ließ der König kleine, originelle Gebäude als Juwelen des Parks bauen.

Diese Konstellation aus Vergangenheitsbeschwörung und Vereinsamung, dieser Konflikt zwischen einer funkelnden Illusionswelt einerseits und den Forderungen eines als öde und brutal empfundenen Alltags andererseits steigert sich noch in der Venus-Grotte oberhalb vom Schloss.

Diese künstliche Grotte am Berghang sollte an Capris Blaue Grotte erinnern. Innen speist unter künstlichen Stalaktiten ein Wasserfall einen See, darauf liegt ein Kahn in Muschelform für den König. Und: Der See schlägt Wellen – bewegt durch einen elektrischen Mechanismus. Die Schwäne auf dem See allerdings waren lebendige aus dem Park. Nicht genug! Die ganze Grotte war gut geheizt und erglühte in Abständen mal in rotem, in rosafarbenem und häufig in blauem Licht. Besonders des Königs Lieblingsfarbe Blau gab Anlass zu Klagen und Auseinandersetzungen, da der erwünschte Farbton nicht getroffen wurde. Der Grottenzauber war ein technisches Wunderwerk, seiner Zeit voraus mit Elektrizität betrieben. Eine Sensation, aber unerhört kostspielig. Außer der Grotte wurde in der Umgebung noch ein maurischer Kiosk errichtet – mit einem kostbaren Pfauenthron, Goldkuppeln und Marmorbrunnen.

Die Terrassenanlage und die Venus-Grotte von Schloss Linderhof; die Grotte, die an Capris Blaue Grotte erinnern sollte, war ob ihrer technischen Finessen ungemein kostspielig.

Eine urtümlich gestaltete »Hundinghütte« um einen Baum herum ist eine Wagner-*Nibelungen*-Erinnerung aus der *Walküre*. Im Winter 1884 abgebrannt, wurde sie schnellstmöglich wieder aufgebaut. Auch die nahe Einsiedelei hatte ihr Vorbild bei Wagner, die Hütte des Gurnemanz im *Parsival*. Weitere Beispiele solcher Schlichtunterkünfte findet man gleich neben Palästen der Barockzeit. Beispiel: die Magdalenenklause am Rande des Nymphenburger Schlossparks, von Kurfürst Max Emanuel im frühen 18. Jahrhundert als Zeichen frommer Einkehr erbaut.

Meisterhaft angelegt sind die Gärten, eine Kombination von französischer, italienischer und englischer Gartenkunst , die der berühmte Carl von Effner schuf – ein gelungener Übergang von gestalteter zu ursprünglicher Natur, mit Terrassen, Treppen, Statuen und Fontänen. Sie tragen entscheidend zum paradiesischen Eindruck bei.

Linderhof ist das einzige unter den Schlössern von Ludwig II., in dem er immer wieder wohnte – Neuschwanstein und Herrenchiemsee waren zum Zeitpunkt seines ungeklärten Todes ja noch im Bau.

17 Wem wollte Ludwig mit dem Schloss auf der Herreninsel ein Denkmal setzen?

Herrenchiemsee sollte ein zweites Versailles werden, keine Nachahmung, sondern eine Steigerung, eine Vervollkommnung – die Kosten für den Bau waren immens und ursächlich für des Königs Scheitern.

Jahre vor der Grundsteinlegung hatte Ludwig die Herreninsel im Chiemsee gekauft – den Namen hatte sie, seit im Mittelalter Augustiner-Chorherren dort gewohnt hatten (sie blieben dort bis zur Säkularisation, dann folgten wechselnde Eigner).

1878 war es so weit: Der Grundstein für das Schloss Herrenchiemsee wurde gelegt. Und der König hatte schon die Pläne bereit: Es sollte diesmal – anders als in Linderhof – ein »Versailles« in voller Größe werden, dem verehrten französischen König Louis XIV. zu Ehren, zugleich dessen Idee von absoluter Monarchie und Souveränität gewidmet.

Dieses Bau- und Innenausstattungsprogramm schloss ein bloßes Kopieren aus; der König strebte Vollkommenheit an, ein gesteigertes Versailles, denn dort war das Schloss im Lauf der Jahrhunderte vielfach verändert worden. In der Dreiflügel-Anlage wurden auch Bauteile errichtet, die es in Versailles nicht gab, zum Beispiel die Gesandtentreppe. Im Jahr 1878 hatte Ludwig nochmals Versailles in Augenschein genommen – wegen seines Besuchs dort war man in Berlin beleidigt, da er doch die Fahrt in die Hauptstadt des Deutschen Reichs strikt vermieden hatte.

Ludwig hatte in Paris und daheim ein genaues Studium aller Einzelheiten des Louis-quatorze-Stils begonnen, unablässig wälzte er Bücher mit Abbildungen von Statuen, Wandmalereien, Stuckaturen, Reliefs, Vasen – manchmal kam ihm dabei die neue Technik der Fotografie zustatten. Er verfolgte alle Einzelheiten des Baus und der Innendekoration, ließ sich dauernd Bericht geben und schaute selber kritisch nach. Und unendlich waren die Einwände, die er vorbrachte, die Verbesserungen, die er heftig forderte (ohne auf Kosten zu achten). Da wurden Künstler entlas-

Der Holzstich aus dem Jahr 1890 zeigt das Schloss Herrenchiemsee, das von 1878 bis 1892 von König Ludwig II. erbaut wurde.

sen, Verwechslungen von Bildern kritisiert, Gesichtsausdruck oder Fußstellungen von Figuren ungehalten kommentiert.

Das prachtvolle Zentrum des Schlosses ist der 98 Meter lange Spiegelsaal, der nachts von über 2000 Wachskerzen erleuchtet werden musste (heute aus Denkmalschutzgründen untersagt). Als Mittelpunkt der Königsmacht ist das Paradeschlafzimmer (»Chambre de Parade«) zu betrachten, es wurde auf Herrenchiemsee nie benutzt.

Ludwig hatte ein eigenes Schlafzimmer in seinem sechsräumigen Appartement, das auch ein Speisezimmer mit versenkbarem Tisch enthielt. Ein Gemach ist ganz im Stil des Rokoko ausgestattet, zum Gedenken an die vom König fast religiös verehrte, im Zuge der Französischen Revolution guillotinierte Königin Marie Antoinette.

Herrenchiemsee ist ein Denkmal, kein Macht- und Gesellschaftsmittelpunkt, wie Versailles es war.

Tief beeindruckt vom Schloss, dessen Flügel nicht vollendet sind, teilweise abgerissen wurden, besuchen viele Touristen die Insel und haben bei den Führungen im Schloss eigentlich viel zu wenig Zeit, alles zu bewundern. In den nicht vollendeten Sälen fand ein sehr sehenswertes König-Ludwig-II.-Museum seinen Platz, das die geniale Fantasie, die Hingabe und das Scheitern Ludwigs dokumentiert. Die Kosten für das Schloss trugen entscheidend zu seinem Untergang bei.

Das südliche Treppenhaus im Schloss Herrenchiemsee, nach dem Vorbild der Treppe des Ambassadeurs in Versailles

18

Wo wollte Ludwig II. sein höchstes Schloss bauen?

Sein höchstes Schloss wollte Ludwig II. in der Nähe von Pfronten bauen, auf dem Falkenstein, doch mehr als fantastische Entwürfe und die Auffahrt zur Höhe existiert nicht.

Es blieb bei den Plänen und der Absicht – das am höchsten gelegene Schlossprojekt des Königs wurde nie verwirklicht. Unweit von Pfronten, hoch über der wunderschönen Allgäuer Landschaft, ragt der Falkenstein auf, mit der Burgruine gleichen Namens (die höchstgelegene Deutschlands), raue Überreste einer Tiroler Wehrburg aus dem Mittelalter, die im 17. Jahrhundert zerstört wurde.

Wenn man die 300 Meter aus dem Tal hinaufsteigt, kommt man zum hohen Mauerrechteck der Ruine (die jetzt gut gesichert ist) und genießt die herrliche Aussicht in die Bergwelt. Eine Tafel erinnert: »Hier an dieser Stelle hat Sr. Majestät König Ludwig II. bei seinen Fahrten auf den Falkenstein oft geweilt, um den Anblick der hehren Hochgebirgswelt zu genießen. An Stelle der Ruine sollte das neue Prachtschloss entstehen, welches an kühner Schönheit nicht zu wünschen übrig ließ.«

Vermutlich regte die Abgelegenheit der Ruine, von der aus man keine größere Siedlung sieht, den König zur Planung an. Er wollte hier eine weitere gotische Burg errichten. Der Theatermaler Christian Jank entwarf eine fantastische Zeichnung mit Zinnen, Türmchen und reichlich gotischem Schmuckwerk. Es erging die Anordnung, genauere Pläne und Aufrisse an-

Die 3-D-Animation zeigt die von Ludwig II. geplante Burg Falkenstein. Die Animation ist Teil der Bayerischen Landesausstellung 2011, die anlässlich Ludwigs 125. Todestag unter dem Namen »Götterdämmerung« zeigt, wie der König »Krieg führen musste, einen Kaiser über sich gesetzt bekam, als Märchenkönig im Industriezeitalter herrschte und ein Mythos wurde«.

Aufriss der östlichen
Schlafzimmerwand im
von Ludwig auf dem Fel-
sen der Ruine Falken-
stein bei Pfronten
geplanten Schloss.

zufertigen, doch der Hofbaudirektor Georg Dollmann lieferte angesichts der finanziellen Schwierigkeiten – wohl um die zuständigen Hofbeamten nicht zu erschrecken – relativ einfache Entwürfe. Ludwig war unzufrieden, und bald erhielt der Oberbaurat Max Schultze den Auftrag. Sein Entwurf zeigte dann eine Fantasie-Raubritterburg. Inzwischen ließ der König ab 1882 schon eine feste Zufahrt und eine Wasserleitung bauen.

Auch mit dem Oberbaurat Schultze gab es bereits vor Beginn der Bauarbeiten endlose Diskussionen über die Gestaltung einzelner Räume, zum Beispiel des Schlafzimmers. Der König wechselte den Stil, Byzantinisch war jetzt angesagt – zum Beispiel Mosaiken und farbiges Glas –, Schultze trat 1885 zurück. Der neue Hofbaurat Julius Hofmann und andere Baumeister arbeiteten weiter an Entwürfen, die immer prächtiger und undurchführbar kostspielig wurden.

Die Verwirklichung all dieser Schlosspläne hat Ludwigs plötzlicher Tod 1886 verhindert. Auch dieser Fluchtort aus der Realität war ihm nun für immer versagt. Für die Besucher unserer Tage hat sich nicht nur das etliche Meter tiefer am Berg gelegene Burghotel auf dem Falkenstein komfortabel entwickelt. Auch der nach oben offene Mauerkubus, der Überrest des mittelalterlichen Falkensteins, ist in guten Händen. Stabile Holztreppen und Holzböden ermöglichen an einer Innenseite des Kubus den Aufstieg zur Aussichtsplattform an der Oberkante von Deutschlands höchstgelegener Burgruine.

In einem kleinen Museumspavillon direkt beim Burghotel ist das Modell der ehemaligen Burg zu sehen, dazu auch das von Ludwig geplante erneuerte Schloss.

»Hier an dieser Stelle
hat Sr. Majestät König
Ludwig II. bei seinen
Fahrten auf den Falken-
stein oft geweilt, um
den Anblick der hehren
Hochgebirgswelt zu ge-
nießen. An Stelle der
Ruine sollte das neue
Prachtschloss entste-
hen, welches an küh-
ner Schönheit nicht zu
wünschen übrig ließ.«
Tafel an der Burgruine
Falkenstein

19 Warum ließ der König nach einer Insel für sich suchen?

Da Hannover von Preußen annektiert wurde, fürchtete Ludwig II. um seine königliche Macht – wie einfach wäre es doch, auf einer fernen Insel als Souverän zu herrschen. Samoa hätte, so sein Hofsekretär, das geeignete Klima, aber …

Nach 1870 wurde Ludwig von Sorgen und Bedenken geplagt, seine Souveränität könnte im geeinten Deutschland gänzlich verloren gehen – nicht ohne Grund, denn es gab das Beispiel Hannover, das von Preußen annektiert worden war. Sollte es dem König nicht möglich sein, auf einer Insel, weit weg und ganz außer Reichweite Preußens, als Souverän zu herrschen?

Ludwig schickte 1873 und 1875 Franz Löher, einen Forscher und Schriftsteller, auf Weltreise, um solch eine geeignete Insel zu entdecken. Seinen Hofsekretär Bürkel ließ er die Ergebnisse des Forschers begutachten. Zum Glück war der Hofsekretär ein Mann der Praxis: Wegen ungesunder Bedingungen oder großer Unsicherheit (wilde oder halbwilde Völkerstämme als Einwohner) schieden etliche Inseln und Territorien gleich aus, etwa die Somali-Halbinsel in Afrika, Gebiete in Kolumbien, Costa Rica und Venezuela. Die Samoa-Inseln hätten, so der Hofsekretär, zwar ein geeignetes Klima, aber sie seien zu sehr entlegen und ihre Bewohner müssten, bevor ein Europäer dort herrschen könne, erst »zivilisiert und auf eine höhere Kulturstufe erhoben« werden – das jedoch würde zu lange dauern. Auch die Gründung deutscher Tochterstaaten in Südamerika wurde erwogen, aber als zu ungewiss abgelehnt.

Schließlich, schlug der Hofsekretär vor, könne man versuchen, ein Territorium zu kaufen, etwa eine spanische Insel, zum Beispiel Mallorca! Spanien befinde sich in finanziellen Nöten – mit der nötigen Vorsicht, ohne den spanischen Stolz zu verletzen, ließe sich da vielleicht etwas erreichen … so etwa für 50 Millionen Mark … und noch einmal so viel als Entschädigung für Erträge der spanischen Staatsdomänen dort …

Es war ziemlich klar, dass solche Summen nicht zur Verfügung standen. Andere Landerwerbungen? In Ägypten? Viel zu heiß! Oder Afghanistan? Das Klima in den Tälern des Hindukusch sei mild – allerdings gäbe es Inte-

Der König suchte eine Insel, auf der er ungestört regieren konnte. Samoa wurde in Erwägung gezogen, die Inseln hätten wohl das geeignete Klima, seien aber zu entlegen, zudem müssten ihre Bewohner erst zivilisiert werden. Die Abbildung zeigt einen Tätowierer bei der Arbeit, Samoa um 1870.

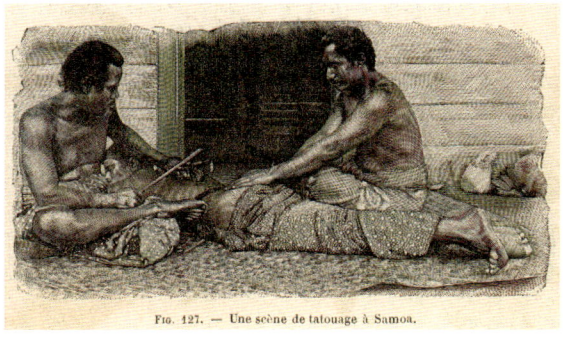

Fig. 127. — Une scène de tatouage à Samoa.

Porträt Ludwigs II. – sein Traum von einer Insel, auf der er Zuflucht findet, blieb Fantasie.

ressen anderer Mächte, sogar Preußen wolle dort entscheidend mitspielen. Außerdem schien es gefährlich, wenn solche Wünsche des Königs bekannt würden – denn das würde den Appetit Preußens auf eine Vereinnahmung Bayerns erst recht anregen.

Der Hofsekretär hielt also die Idee, eine souveräne Herrschaft außerhalb Bayerns einzurichten, für nicht zu verwirklichen. Er bemühte sich schließlich, die Sorge des Königs um seine Selbstständigkeit zu beschwichtigen: Sogar in Berlin sei man nicht mehr für einen preußischen Einheitsstaat, sondern beginne, den Föderalismus zu schätzen. Und auf die Bayern, so der Hofsekretär, sei doch von jeher Verlass, was Königstreue anbelange.

Die Zuflucht zu einer Insel blieb Traum und Fantasie.

20

Verstehen Sie etwas von Maschinen, Majestät?

Seine Bauten ließ Ludwig II. unter Verwendung der modernsten Technik ausführen, ja er trieb die Entwicklung der Technologien stetig voran – die Bewunderung der Vergangenheit zeigt demnach nur eine Seite des Königs.

Ein Romantiker, der Technik bewundert? Natürlich waren es zuerst seine Schlossbauten, die Ludwig II. so oft wie möglich unter Verwendung damals modernster Technik ausführen ließ. Mit seinen Architekten verständigte er sich über den Einsatz der eben erst erfundenen Eisen- und Stahlträger, die verschwanden hinter gemauerten Wänden. Ebenso nutzte Ludwig die Elektrizität, am wirkungsvollsten in seiner Blauen Venusgrotte im Park von Schloss Linderhof.

In Bayern beherrschte man um die Mitte und in der zweiten Hälfte des 19. Jahrhunderts einige neue Technikerrungenschaften, konzentriert in den Industrien von Nürnberg und Augsburg und auch in München. In der Münchner Residenz wurde 1882 ein Telefon installiert, unbekannt ist uns freilich, ob der König zu telefonieren geruhte.

Dagegen darf man behaupten, dass das beliebte Etikett »Märchenkönig« allenfalls nur eine Seite seiner Persönlichkeit bezeichnen kann. Sehr verengt und missverstanden ist die Vorstellung, allein die Natur und die Bewunderung früherer Zeiten habe sein Dasein und Denken ausgefüllt.

Ludwig II. mag im Laufe seines kurzen Lebens zum einsiedlerischen Außenseiter geworden sein, aber er baute seine Existenz nicht auf den Rückzug aus der menschlichen Gesellschaft auf, sondern auf eine »selektive Wahl der Menschen« (Felix Sommer). Unter den wenigen Menschen, die ihm sehr nahe standen, ist auch zumindest ein Techniker: Friedrich Brandt, seines Zeichens Hofmaschinist am Theater. Mit ihm probte der König die Entwicklung einer Flugmaschine, mit der er die Szene seiner Kindheit, den Alpsee mit Schloss Hohenschwangau, zu überqueren wünschte.

Diese Entwicklungen und Erfindungen und das lange igno-

Eine Dampfkesselschmiede aus dem Jahr 1891/1892 – König Ludwig II. bewunderte die modernen Technikerrungenschaften, die in Bayern, vor allem in den großen Städten, Mitte des 19. Jahrhunderts Einzug hielten.

Der »Lokomobile Dampf-
aufzug am Ettaler Berg«
aus dem Jahr 1874, vom
König etwa für den Bau
der gewaltigen Träger
des Schlosses Neu-
schwanstein genutzt

rierte oder nur am Rande wahrgenommene Interesse des Königs hat Jean
Louis Schlim, ein Experte der Technik im 19. Jahrhundert, in seinem Buch
Ludwig II. – Traum und Technik mit einer Fülle von Aktivitäten und Anwen-
dungen des Königs zugänglich und bewusst gemacht. Zu erfahren ist, wie
Ludwig II. auf den Werken seiner Vorgänger aufbauen und die Entwicklung
der verschiedensten Technologien vorantreiben konnte: von Wasserspielen
um seine Residenzen bis zum elektrisch beleuchteten Puttenschlitten für
Ausfahrten des Königs in Winternächten. König Ludwigs Interesse fanden
aber auch Industrieausstellungen wie die Münchner Elektrizitätsausstel-
lung im Glaspalast – unter seinem Protektorat.

Jean Louis Schlim, in Luxemburg geboren und seit 1977 in München zu
Hause, arbeitet übrigens auch mit dem Institut für Robotik und Mechatro-
nik im Deutschen Zentrum für Luft- und Raumfahrt zusammen, wo unter
anderem an der Entwicklung von 3-D-Computeranimationen gearbeitet
wird. Zusammen mit der Multimedia-Agentur metamatix AG wählte man
ein bayerisches Beispiel: die Welt Ludwigs II. als 3-D-Dokumentation – im
Rahmen des Projekts »Virtuelles Bayern«. Darin finden sich nicht nur die
existierenden Bauten Ludwigs, sondern auch die geplanten und nicht realisierten Projekte und die längst zerstörten Bauwerke wie der Wintergarten.

Technik-Novitäten im Bayern Ludwigs II.

1850	Statue der Bavaria – damals größte Figur Europas
1851	Justus Liebig lehrt an Münchens Universität und macht München zum europäischen Zentrum des Chemie-studiums.
1853	Weltweit erstes Tretkurbel-Fahrrad in Schweinfurt
1854	Bau des Glaspalastes, nach britischem Vorbild erstmals in München
1855	Wilhelm Bauer testet im Starnberger See das weltweit erste Unterseeboot.
	Carl August von Steinheil: Gründung der Optisch-astrono-mischen Anstalt, München
1865	Erstes Weitwinkelobjektiv für Fotografen
1866	Statisch verbessertes Eisenträgersystem von Heinrich Gerber patentiert 35 Meter hohe Brücke über die Pöllat-schlucht bei Neuschwanstein.
1868	Ludwig II.: Gründung der Technischen Universität in München
1869	Josef Albert erfindet den Lichtdruck.
	Ludwig II. lässt für Hohenschwangau eine dampfbetrie-bene Flug-Seilbahn entwickeln.
	Großer Wintergarten auf dem Dach der Residenz in München, mit neuer Eisen-Glas-Konstruktion, ohne Innenstützen
1870	Dynamoelektrische Maschinen in Nürnberg von Sigmund Schuckert – besser bekannt als Werner-Siemens-Modell in Berlin
1871	Dynamobetriebene Bogenlampen spenden erstmals elek-trisches Licht beim Bau der Braunauer Brücke.
1872	Erster Trommelanker für elektrische Maschinen (Friedrich Hefner-Alteneck)
	Einsatz moderner Dampfkraft-Baumaschinen beim Bau von Schloss Neuschwanstein

Gießerei-Arbeiter der Firma MAN in Augsburg, 1891. Reformen in Wirtschaft, Gesellschaft und Militär bestimmten die Zeit König Ludwigs II., die Wirtschaft boomte in den Industriestädten des Landes.

1873   In München baut Christian Reitmann den ersten Viertakt-
        motor.
        Augsburg: erste Maschine zum Endlospapierdruck
1874   München: erster Kühlschrank weltweit (Karl Linde)
1875   Erste Rotationsdruckmaschine, Oberzell bei Würzburg
1878   Viel bestaunt: Ludwig II. lässt die künstliche Grotte im
        Schlosspark farbig beleuchten mithilfe eines eigenen Elek-
        trizitätskraftwerks (Firma Schuckert). Auf Verlangen des
        Königs entwickeln die Chemiker Beyer und Caro dazu
        einen speziellen Farbstoff: »blauer als Blau«.
        Der Münchner Hauptbahnhof wird elektrifiziert.
1881   Georg Meisenbach erfindet in München die Autotypie
        (Druckplatten für ein- und mehrfarbigen Druck).
1882   Erste ortsverbindende Stromleitung (München–Miesbach,
        Oskar von Miller), zur ersten Elektrotechnischen Ausstel-
        lung in München
        Beim Bau von Neuschwanstein werden modernste Eisen-
        konstruktionen verwendet.
1883   Vollsynthese des Indigo-Farbstoffs (Adolf Bayer, München)
        Gustav Koch führt das Modell eines lenkbaren Luftschiffs
        vor (München, Glaspalast).
        (Nach Jean Louis Schirm, *Ludwig II. – Traum und Technik*)

21

Mit wie viel Prunk reiste der König – und wann am liebsten?

Eine vergoldete Kutsche, elektrisch beleuchtete Schlitten, weitere Prachtgefährte – doch kaum jemand bekam diese zu Gesicht, da Ludwig II. mit Vorliebe des Nachts spazieren fuhr.

Nicht allzu viele Leute werden zur Zeit Ludwigs II. dessen Prachtkutschen gesehen haben, denn er zog es vor, bei Nacht im Gebirge auszufahren. Meist zogen vier, manchmal auch mehr Pferde den Wagen. Die Zeitzeugin Luise von Kobell berichtet: »Der Marstallfourier sprengte voraus, die Zügel in der rechten Hand, die weithin leuchtende Fackel in der linken, mit Windeseile folgte das trotz steiler Gebirgswege vom Kutscher sicher geleitete Fahrzeug, zu dessen Seite der Stallmeister, im schärfsten Tempo.«

Natürlich war es unmöglich, dass »… von den projektierten Fahrten in dem goldenen Wagen keine Seele etwas erfahren« solle, wie Stallmeister Hornig an den Hofsekretär schrieb. Ludwig selbst befahl Geheimhaltung, als er sich den goldenen Wagen bauen ließ – vergebens. Zu üppigsten Gerüchten gibt gerade die Geheimnistuerei Anlass.

Außer der goldenen Kutsche ließ sich der König noch weitere Prachtgefährte bauen. Er besaß mehrere reich geschmückte Kutschen, darunter auch

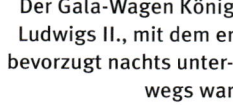

Der Gala-Wagen König Ludwigs II., mit dem er bevorzugt nachts unterwegs war

die für seine nie stattgefundene Hochzeit. Sie war nach dem Vorbild eines Wagens des französischen Königs Ludwig XIV. gebaut, die Gemälde an der Karosse entstanden nach Vorlagen der Maler Boucher, Baudoin und Fragonard. Diese und noch einige andere Gefährte kann man heute im Marstallmuseum im südlichen Flügel von Schloss Nymphenburg betrachten.

Dort findet man auch einen der Prachtschlitten, die gleichfalls im Rokokostil geschmückt waren – der König schwärmte geradezu, in einem solchen Schlitten durch den verschneiten nächtlichen Tannenwald zu fahren. Für das Personal – Kutscher, Vorreiter, Diener – war das wahrscheinlich eine ermüdende Strapaze. Sie mussten alle Rokoko-Kostüme tragen, um dem Märchenbild zu entsprechen, und die sind meist nicht dem kalten Winter im Gebirge angepasst!

Einer der Schlitten war – sensationelle technische Neuerung der Zeit – mit einer elektrischen Batterie ausgestattet, das Licht der Lampe beleuchtete die von Putten (Amouretten) getragene Königskrone. Den Kasten trugen Tritonen mit Muschelhörnern. Ein anderer Schlitten hatte einen abnehmbaren Kasten, der im Sommer auf Räder montiert werden konnte und als Wagen diente.

Für alle Kutschen und Schlitten gab es Geschirre, Sättel und Zaumzeuge, die farblich mit den Polstern und kostbaren Decken im Innern übereinstimmten, für manche gab es Garnituren in mehreren Farben – passend zu den Uniformen der Diener.

Die Kutschen waren nicht Eigentum des königlichen Marstalls, sondern Privateigentum Ludwigs.

Als moderner Zeitgenosse der frühen Eisenbahnepoche benutzte Ludwig auch dieses Transportmittel. Schon sein Vater Maximilian II. hatte vorgesorgt und 1860 einen prächtigen Salonwagen ausstatten lassen, alles im Stil des wiederbelebten Rokoko, überall mit Schnitzereien und Verzierungen versehen, die auch Wand- und Deckenbilder umgaben. Das Mobiliar war stilgemäß gestaltet, aber bequemer als Original-Rokokosessel, nämlich drehbar, um eine gute Aussicht zu ermöglichen. Neben Gold waren natürlich Blau und Weiß die vorherrschenden Farben. Dieses Gefährt hat wohl auch Ludwigs Geschmack getroffen, sonst hätte er sich gewiss ein neues konstruieren lassen, als er 1866 auf seiner Fahrt durch Franken die Bahn benutzte.

Die historische Fotografie, eine sogenannte Kabinettkarte, aus dem Jahr 1887 zeigt den Amourettenschlitten des Königs, der mit einer elektrischen Batterie ausgestattet war.

»Der Marstallfourier sprengte voraus, die Zügel in der rechten Hand, die weithin leuchtende Fackel in der linken, mit Windeseile folgte das trotz steiler Gebirgswege vom Kutscher sicher geleitete Fahrzeug, zu dessen Seite der Stallmeister, im schärfsten Tempo.«
Luise von Kobell

22

Was suchte der König
auf dem Schachenschloss?

Wie bei seinen anderen Schlossbauten suchte der König auch beim Jagdschloss auf dem Schachen die künstlerische Herausforderung – und wollte sich in eine fremde, andersartige Welt versetzen.

Nein, er sei nicht unglücklich, widersprach Ludwig 1875 seiner Freundin, der Schauspielerin Marie Dahn-Hausmann: »Dem ist nicht so. Im großen Ganzen bin ich froh und zufrieden, nämlich auf dem Lande, im herrlichen Gebirge – elend und betrübt, oft im höchsten Grade melancholisch bin ich einzig und allein in der unseligen Stadt!« Unter den zahlreichen Jagdhäusern, in denen der Naturfreund und geübte Bergwanderer Ludwig sich wechselweise aufhielt, besaß er seit 1870 etwas durchaus Einzigartiges: das

»König Ludwig's Auffahrt nach dem Schachen«, Holzstich um 1873, nach einer Zeichnung von Gustav Sundblad

Das Schachenschloss in 1867 Meter Höhe; im Hintergrund der Teufelsgrat

Jagdschloss auf dem Schachen. In 1867 Meter Höhe südlich von Garmisch-Partenkirchen ist das Schachenschloss auch ein hervorragender Aussichtsplatz, bis auf wenige Ausnahmen zudem noch autofrei.

Äußerlich eine einfache oberbayerische Gebirgshütte, enthält es neben schlichten Wohnräumen im Erdgeschoss den märchenhaft orientalisch eingerichteten »Türkischen Saal« – mit emaillierten Vasen, farbigen Fenstern, Diwanen und reicher vergoldeter Schnitzerei. Diese anhand von Fotografien osmanischer Paläste am Bosporus nach Bayern übertragene Orientszene liebte Ludwig in türkischer Tracht zu genießen, »während der Tross seiner Dienerschaft als Muslime gekleidet auf Teppichen und Kissen herumlagerte, Tabak rauchend und Mokka schlürfend, wie der hohe Herr befohlen hatte. Überlegen lächelnd ließ Ludwig als Inszenator dieser theatralischen Szene seine Blicke über den Rand seines Buches auf die stil-

Das sogenannte Kaval-
lierzimmer des Kammer-
dieners im Schachen-
schloss, das König Lud-
wig II. als Refugium in
den Bergen diente

volle Gruppe schweifen. Dabei dufteten Räucherpfannen, und große Pfau-
enfedern wurden durch die Luft geschwenkt … « (nach Luise von Kobell).
Eine fremde, verlockend andersartige Welt herzustellen, danach verlangte
der König immer wieder.

Mit Illuminationen feierte der König auf dem Schachen auch Geburtstag. Hier fand 1873 das sechsstündige Gespräch mit dem Historiker und
Wahlbayern Felix Dahn statt. Der König äußerte seine heftige Abneigung
gegen den Militarismus. In seinen Erinnerungen nennt Dahn ihn einen
»scharfen, hellen, spitzfindig denkenden Geist«.

Auch bei Schloss Linderhof ließ Ludwig einen »Maurischen Kiosk« auf-
stellen. Schon vorher hatte er in der Münchner Residenz – genauer: auf
deren Dach – einen Wintergarten im indisch-orientalischen Stil bauen lassen. In den letzten Jahren seines Lebens hoffte er auf noch Größeres nach
asiatischem Muster: einen chinesischen Palast, der nach dem Vorbild des
Winterpalastes in Peking am Plansee auf österreichischem Boden entstehen
sollte.

Und was ließ Ludwig II. in der Münchner Residenz ändern? Die Münchner Residenz und das Schachenschloss – das sind extreme Kontraste königlichen Wohnens. Für den jungen König, der immer wieder in den Bergen
seine Quartiere aufsuchte, war die Residenz eine künstlerische Herausforderung. Schon als Kronprinz hatte er im obersten Stockwerk des Nordwest-
pavillons (der Theaterstock) gewohnt. Diese Kronprinzen-Appartements
stattete Ludwig neu aus – sieht man diese Raumflucht auf alten Fotografien,
erscheinen sie von Möbeln, Decken und Vorhängen, Glasschränken allerdings übermäßig ausgefüllt, ein üppiger Dekor-Historismus.

Eigene Ideen konnte Ludwig überzeugender im sogenannten Nibelun-
gengang verwirklichen: mit seinen 30 Fresken eine Huldigung an Richard
Wagner und den *Ring der Nibelungen*, 1864/65. All das kann man leider
nicht mehr sehen, ebenso wenig die Hofgartenzimmer im Hauptgeschoss
des Kaisersaaltrakts, die 1867 in Vorbereitung auf seine Trauung mit Sophie
Charlotte entstanden – doch die Trauung wurde abgesagt. All diese Teile der
Residenz wurden im Bombenterror des Zweiten Weltkriegs zerstört und
beim Wiederaufbau der Residenz nicht wiederhergestellt.

Ludwigs großartiger Wintergarten auf dem Dach der Residenz war bereits 1897 abgetragen worden. Man trifft Ludwigs Architekturträume nicht
mehr in der Residenz.

23

Warum wurde das Regieren ungemütlich, die Politik ein heißes Eisen?

Die politischen Ereignisse überschlugen sich im Jahr 1866, und Ludwig II. war gezwungen, an der Seite von Österreich in den Krieg zu ziehen – die Tage der Mobilmachung stürzten den König in eine große Niedergeschlagenheit, er flüchtete auf die Roseninsel im Starnberger See.

Es lag daran, dass Bayern ein wichtiger Staat, aber ein Kleinstaat war, umgeben von nicht immer zuverlässigen Freunden und machtgierigen Feinden. Deutschland als staatliche Größe gab es damals nicht, sondern seit 1815, seit dem Wiener Kongress, den Deutschen Bund. Er umfasste knapp drei Dutzend selbstständige deutschsprachige Länder, Bayern war eines der größeren. Viel wichtiger war Österreich, der mächtige Nachbar. Im Nordosten hatte sich Preußen zu einer großen, militärisch organisierten und zur Expansion entschlossenen Macht entwickelt. Schon aus wirtschaftlichen Gründen wollte man sich dort mit den vielen kleinstaatlichen Grenzen nicht abfinden. Österreich aber wollte alles lieber bei dem einigermaßen stabilen Gleichgewicht im Deutschen Bund lassen.

Es gab viele Leute, auch in Bayern, die einen Zusammenschluss ohne Österreich bevorzugt hätten, was gemeinhin die »Kleindeutsche Lösung« genannt wurde. Natürlich waren in Bayern König und Regierung dagegen, denn »Kleindeutschland« bedeutete ein unheimliches Übergewicht preußischer Macht und Aufwind für liberale und demokratische Kräfte – schreckliche Vorstellung für Hüter der Souveränität, für König Ludwig!

Anlass zu handgreiflichen Auseinandersetzungen zwischen Österreich und Preußen war der Konflikt um das aus dänischer Hoheit entlassene Schleswig, der aufgrund des eigenmächtigen Eingreifens von Preußen eskalierte. Der unerhörte Verstoß gegen die Deutsche Bundesakte und Preußens Austritt aus dem Deutschen Bund führten im Mai 1866 zur Mobilmachung. Bayern war zusammen mit anderen süddeutschen Staaten durch einen Bündnisvertrag zum militärischen Einsatz auf Österreichs Seite verpflichtet. Kleinere Staaten in Preußens Machtbereich waren gezwungenermaßen auf Preußens Seite. Österreich war im Sinne der Bundesakte im Recht, es konnte außerdem Druck ausüben. Der friedliebende König Ludwig hatte keine Möglichkeit, den Krieg zu vermeiden, es war auch nicht seine Art, gegen die Kriegsvorbereitungen öffentlich aufzutreten. Ludwig war nicht überzeugt, aber angesichts der gelobten Bündnistreue gab er seinem

Minister von der Pforten nach. Die Tage der Mobilmachung waren begleitet von tiefer Niedergeschlagenheit des Königs, von Gedanken an Abdankung, Klagebriefen an Freund Wagner nach Tribschen und fluchtartigen Ausflügen auf die Roseninsel im Starnberger See.

Jahrzehntelang hatte man in Bayern das Militär vernachlässigt. Der Feldzug unter dem Oberbefehl des alten Prinzen Carl wurde ein Desaster. Die bayerischen Truppen wurden auf dem Kriegsschauplatz in Süddeutschland geschlagen. Besonders schmerzlich für Bayern war die Zerstörung vieler Gebiete Frankens.

Indes fand die Hauptauseinandersetzung zwischen Preußen und Österreich in Böhmen statt. Die preußische Armee war besser ausgerüstet, ihr Generalstabschef Moltke geschickter – es kam zu einem Sieg der Preußen bei Königgrätz (Sadowa), das grässliche Gemetzel kostete 44 000 Soldaten aufseiten Österreichs und 9000 auf preußischer Seite das Leben. Nur 70 Kilometer vor Wien, in Nikolsburg, kam es am 27. Juli zum Waffenstillstand. Nach schlimmen Niederlagen in Franken bat Bayern am 2. August um Waffenstillstand.

Die auferlegten Bedingungen waren bitter für Bayern. 30 Millionen Gulden Reparationen sollten gezahlt werden. Größere Landabtretungen konnten durch Bittgänge von Ludwigs Mutter, der Preußenprinzessin, vermieden werden. Der König selbst nahm an den Verhandlungen nicht teil. Folgenreiche und einschneidende Bedingung war ein Schutz- und Trutzbündnis, das die süddeutschen Staaten mit Preußen abschließen mussten. In einem

Bei der Schlacht um Königgrätz im Juli 1866 siegt die preußische Armee über das österreichische Heer – Ludwig II. war aufgrund eines Bündnisvertrags gezwungen, an der Seite von Österreich in den Krieg zu ziehen.

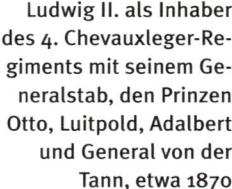

Ludwig II. als Inhaber des 4. Chevauxleger-Regiments mit seinem Generalstab, den Prinzen Otto, Luitpold, Adalbert und General von der Tann, etwa 1870

künftigen Konflikt sollte Bayern seine Truppen unter preußischen Oberbefehl stellen. Österreich war gezwungen, der Auflösung des Deutschen Bundes zuzustimmen.

Unter dem Druck des harten Kriegsendes und auf dringenden Rat seines Freundes Richard Wagner entschloss sich Ludwig im November/Dezember 1866, für einige Wochen in das vom Krieg betroffene Franken zu reisen. Er war offenbar selbst überrascht, mit welchem Jubel, welcher Anhänglichkeit er dort begrüßt wurde.

Der Konflikt zwischen Preußen und Bayern schwelte freilich weiter. Der französische König Napoleon III. rechnete sich Vorteile aus: Da wäre aus der ungeklärten Lage doch eventuell ein Landgewinn für Frankreich herauszuholen? Müsste die politische Lage nicht auf eine neue Auseinandersetzung hinauslaufen?

Ludwig II. konnte den Kurs der Großmächte nicht ändern. Er versuchte sich einen Sommer lang als Bräutigam, er erfüllte sich den Wunsch, inkognito nach Paris zu reisen – im Angedenken an sein großes Vorbild Ludwig XIV., der vor 200 Jahren unter besseren Voraussetzungen ein absoluter Herrscher war.

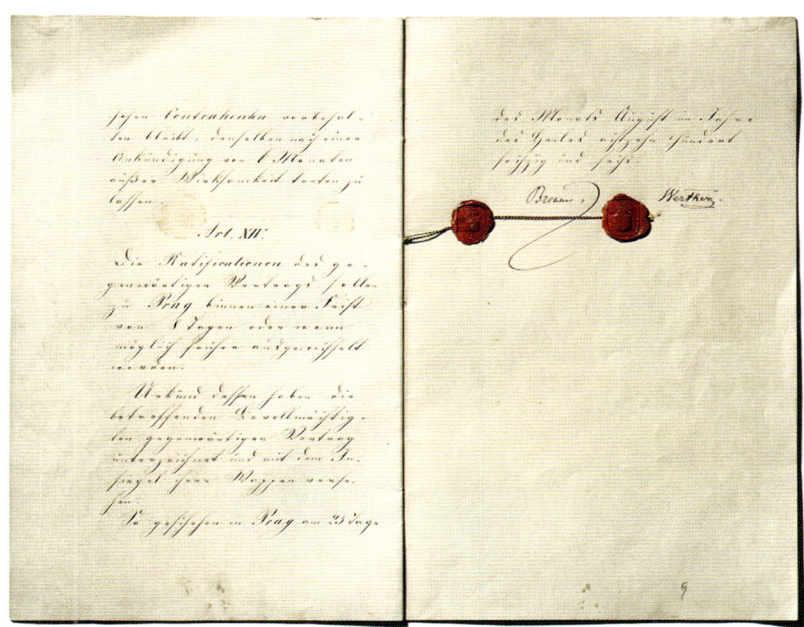

Der Friedensvertrag zwischen Österreich und Preußen vom 23. August 1866

Das Schicksal harter politischer Spannungen und Provokationen zwischen Preußen und Frankreich nahm seinen Lauf: Der Bündnisfall trat 1870 ein, 55 000 bayerische Soldaten mussten unter preußischem Oberbefehl in den Krieg gegen Frankreich ziehen.

Die bayerischen Truppen fühlten sich durchaus mit den anderen deutschen Armeen solidarisch, die Kämpfe verliefen siegreich – und nun sollte nach dem Willen von Preußens Minister Bismarck ein einiges Deutsches Reich entstehen. Ludwig wurde erfolgreich gedrängt, einen dem Inhalt nach von Bismarck vorgegebenen Brief zu schreiben, den »Kaiserbrief«, mit der Einwilligung, den preußischen König als Kaiser eines neuen Deutschen Reiches anzuerkennen.

Doch König Ludwig reiste nicht zur Proklamation des Reiches. Diese fand demonstrativ im Spiegelsaal von Versailles statt, in Anwesenheit aller anderen deutschen Fürsten. Ludwig würde all den militärischen Pomp, den Hurrapatriotismus angewidert betrachtet haben. Allerdings gewährte die neue Reichsverfassung Bayern einige Privilegien, wodurch der Schein gewahrt blieb. Und der Staat Bayern blieb erhalten – besonders die Franken hätten sich beinahe von Bayern getrennt.

24 War Ludwig II. menschenscheu oder zeigte er sich seinem Volk?

Mit großem Gefolge trat Ludwig II. im November 1866 eine Reise durch Franken an, besuchte unter anderem Bamberg, Aschaffenburg und Würzburg, aber auch die Schlachtfelder des 1866er-Krieges – das Volk war begeistert.

Auf die Probe hat Ludwig sich selbst gestellt – mehr als nur einmal. Von jedem frischgekrönten bayerischen Monarchen erwartete man Rundreisen in die Provinzen. Die Franken im November 1866 umso dringlicher, sie hatten gerade den 1866er-Krieg und preußische Besatzung ausstehen müssen. Fränkische Skepsis gegenüber den gebürtigen Bayern im Allgemeinen und dem Münchner Hof im Besonderen war verständlich, hatte doch das frischgegründete Königreich Bayern von Napoleons Gnaden zu Anfang des Jahrhunderts die fränkischen Städte der geistlichen und adligen Herrschaften kurzerhand annektiert.

Zwar war Ludwig II. schon zwei Jahre lang König, als er zu seiner fränkischen Repräsentationsreise aufbrach, aber er zeigte sich mitnichten scheu.

Eine Auflistung des Oberstallmeister-Stabs zu den Reisen des Königs (einzusehen im Hauptstaatsarchiv München)

Seinen Vorsatz vertraute er seinem Freund Richard Wagner an: »Ich will mit einem Mal den Dunstkreis der Gehässigkeit, die Wolken der Bosheit und falschen Kunden, welche die Leute geschäftig oft um meine Person zu verbreiten suchen, auseinanderjagen, will, dass mein Volk erfährt, wer ich bin …« Mit einem Gefolge von 119 Herren brach der König per Bahn auf, reiste nach Bayreuth, Bamberg, Kissingen, Hammelburg, Aschaffenburg und Würzburg, schließlich noch nach Helmstadt und Erlangen. Reisezeit: rund drei Wochen. Feierliche Empfänge, Besuche von Palästen, Kirchen, Museen, Fabriken standen auf der Tagesordnung: mehr, als Ludwig bisher anderswo erlebt hatte. Übrigens besuchte er auch die Schlachtfelder, die noch im Sommer zuvor umkämpft waren, und die Militärhospitäler, wo er jedem Verwundeten einen Dukaten mit seinem Bildnis überreichen ließ. Für die Unterstützung der Kriegsopfer und der in Not geratenen Franken stiftete er eine große Summe. Und er war so betroffen, dass er in Würzburg einen Teil des Programms absagte.

Porträt des Königs, der nach dem Krieg 1866 eine Reise durch Franken antrat und sein Volk begeisterte

Überall, wenn man den Berichten glauben darf, empfing ihn begeistertes Volk, Jubel und nochmals Jubel, auch bei flutendem Regen. Wie hat der sensible junge König, der sich bei seinen Münchnern rarmachte, diese Pflichttour durchgehalten? Hat er sich davor und danach nicht immer wieder verweigert? Nicht jede Frage kann man klären. Günstige Umstände trafen zusammen, der Reiz des Neuen wohl, Freude an den gebotenen Konzerten und am Tanz mit den Damen der Honoratioren in Bayreuth. Vielleicht genoss er auch die verlässlich-ruhige fränkische Lebensart. Am wichtigsten war ihm aber wohl der Besuch in Nürnberg, der Stadt der Meistersinger – als eine Art Wallfahrt zu dem Ursprung von Wagners Oper. Dieser erhielt unverzüglich ein hochgemutes Poem übersandt, mit der Anrede »Hans Sachs« und der Nachricht: »Vor zwei Stunden hier eingetroffen, beispielloser Jubel!«

Nein, es war kein menschenscheuer Monarch, der diese Frankenreise unternahm, ganz im Gegenteil, der König zeigte sich seinem Volk, das ihn begeistert feierte.

»Ich will mit einem Mal den Dunstkreis der Gehässigkeit, die Wolken der Bosheit und falschen Kunden, welche die Leute geschäftig oft um meine Person zu verbreiten suchen, auseinanderjagen, will, dass mein Volk erfährt, wer ich bin ...«
Ludwig II. zu Richard Wagner

25

Was war für den König in seinen Bergen Pflichtlektüre?

Ludwig II. hielt sich stets auf dem Laufenden, was die Menschen in seinem Reich bewegte, informierte sich über die »Allgemeine Volksstimmung« und die öffentliche Sicherheit.

Zum Beispiel ließ sich Ludwig allwöchentlich vom Ministerium des Innern per Kurier die Berichte vorlegen, was in bayerischen Landen soeben geschehen war – unter immer gleichlautender Überschrift im Stil der Hofschranzen-Höflichkeit: »Der treugehorsamst Unterzeichnete erlaubt sich, … eine Zusammenstellung der von den Regierungs-Präsidenten für die letzte Woche eingesendeten erheblichen Meldungen alleruntertänigst in Vorlage zu bringen.«

Diese »erheblichen Meldungen« sind großenteils erhalten. In feiner, manchmal winzig kleiner Originalhandschrift verfasst, sind diese Dokumente im Bayerischen Hauptstaatsarchiv zu finden – in München in der Schönfeldstraße, gleich neben der Bayerischen Staatsbibliothek mit ihren acht Millionen Bänden.

Diese jahrzehntelang gelieferten Aufzeichnungen zur Information des jeweiligen Herrschers füllen Tausende von Seiten. Darin heute zu lesen bedeutet eine Zeitreise, und zwar eine Reise mit ziemlich genauen Detailbeobachtungen. Die Nachrichten geben Aufschluss, was im 19. Jahrhundert die Bayern bewegte: Wie ruhig war das Leben der rund 4800 Bürger? Was erregte Aufsehen, wie reagierten sie darauf? Woche um Woche, Jahr um Jahr bleibt die Struktur der Berichtsthemen für sämtliche Regierungsbezirke gleich, beginnt mit »Besondere Vorgänge auf dem Gebiete der öffentlichen Sicherheit« und endet mit »Allgemeine Volksstimmung«. Bei diesem Hauptpunkt kam mancher Berichterstatter gar ins königstreue Taumeln, zum Beispiel 1863, noch lebte König Maximilian: »Die allgemeine Volksstimmung in Oberfranken ist auch im abgelaufenen Monat mit unbeeinträchtigter Fortdauer unbedingten Vertrauens auf Euer Königlichen Majestät die gleiche, vollkommen befriedigende geblieben.«

Ein Muster dieser Berichte aus dem zweiten Regierungsjahr Ludwigs II., 1866: Ende Juli war der im Juni begonnene 1866er-Krieg zwischen Preußen einerseits und Österreich, Hannover, Bayern und anderen Bundesländern andererseits beendet, sehr zum Nachteil auch Bayerns. Zwei Monate später las der nun 22-jährige König zum Thema öffentliche Sicherheit: »Banden von Wilddieben traten auf« und »Drei Artilleristen in Nürnberg überfallen

»Die Dorfpolitiker«: Die Ölzeichnung aus dem Jahr 1877 zeigt Bauern im Gespräch; Ludwig II. war sehr daran interessiert, was die Menschen in dem von ihm regierten Land bewegte.

auf nächtlicher Straße einen Mann, rauben ihn aus«. Das waren die jeweiligen Meldungen aus ganz Bayern, und zu den Rubriken »Unglücksfälle von Bedeutung« und »Elementare Ereignisse größeren Belanges« gab es jeweils zu lesen: »Keine«. Zu »Störung des Nahrungsstandes«: »Klage der Bauern: Getreidepreise heben sich nicht.« Einzig das mochte eine Kriegsfolge sein.

Als Nächstes folgte die Rubrik »Einschreitungen gegen die Presse«, da zeigten sich gleich die Grenzen der 1848 in die Bayerische Verfassung aufgenommenen Pressefreiheit: »In München wurde je eine Nummer der *Münchner Nachrichten* und des Volksboten wegen Beleidigung des Staats-Ministers Freiherrn von der Pfordten mit Beschlag belegt.« Und beim *Kemptner Tageblatt* noch herber: Wegen Beleidigung des Generalleutnants von der Tann »… ist gegen den Redakteur strafrechtliche Untersuchung eingeleitet worden«.

Es folgten im Bericht noch die »Besonderen Vorgänge im Versammlungs- und Vereinswesen« und »Confessionelle Conflicte von größerer Tragweite«; bei beiden ist notiert: »Keine«. Jedoch steht bei »Epidemien« an mehreren Orten: »Cholera/Schlaganfälle«. Letzte Eintragung ist wieder die »Allgemeine Volksstimmung«: »Feuriger Jubel für den Einzug der Truppen der Nürnberger Garnison in die Stadt«. Der Schlusssatz aber verrät dann doch, dass der Schrecken des Krieges nachwirkt: »Es sind dies Intervalle einer gehobenen Stimmung inmitten eines um sich greifenden Pessimismus.«

Ludwig von der Pfordten, der Bayerische Ministerpräsident, war es übrigens, der nach der Niederlage Bismarck bei den Verhandlungen über Kriegsentschädigungen nicht dazu bewegen konnte, Bayern zu schonen. Hätte Ludwig, der Kriege verabscheute, nicht selbst mit den Preußen verhandeln sollen? Oder vor dem Eintritt Bayerns zumindest Einspruch versuchen sollen, bevor die Truppen marschierten? Ludwig verweigerte sich, fühlte sich der Aufgabe nicht gewachsen, zog sich nach Berg und in die Berge zurück.

Tatsächlich hätte auch ein erfahrener, diplomatisch ausgefuchster Bayernkönig den deutsch-deutschen Krieg nicht verhindern können.

26 Den Krieg verabscheuen, aber in den Krieg ziehen – Ludwigs Versagen?

Was Ludwig vom Krieg hielt, teilte er nur seiner ehemaligen Erzieherin Sybille Meinhaus mit; was er hingegen in der Öffentlichkeit unternahm – oder besser: nicht unternahm –, stieß auf Befremden; seine militärische Entscheidungsfreiheit war stark eingeschränkt.

Ludwig II. besuchte Kriegsverwundete in den Spitälern, er gründete nach dem Ende des unglückseligen 1866er-Krieges den »Bayerischen Invaliden-Unterstützungsverein«. Aber er konnte Bayern auch aus dem 1870er-Krieg gegen Frankreich nicht heraushalten. Schlüsseldatum 22. August 1866: Der Unterschrift unter den Friedensvertrag zwischen Preußen und Bayern folgte am selben Tage die erzwungene Unterschrift unter den »Allianzvertrag«, das preußisch-bayerische »Schutz- und Trutzbündnis«. Das verlangte militärische Unterstützung, sobald ein Bündnispartner sie benötigte.

Der junge König begehrte, nicht schuld daran zu sein, und entzog sich zum Erstaunen und zum Zorn vieler den offiziellen Trauerfeiern – wie dem Begräbnis des Generals Oscar von Zoller, der bei Kissingen getötet worden war. Noch ärger: Ludwig fehlte bei der Begrüßung des heimkehrenden Heeres in München, was die meisten im bayerischen Volk nicht verstanden und heftig beklagten.

Was für Ludwig der Krieg war, teilte er nur der Baronin Leonrod mit, seiner einstigen Erzieherin. Im März 1871, ein Vierteljahr nach der Kaiserkrönung in Versailles, klagte er ihr: »Ach, es sind traurige, entsetzensvolle Zeiten, die wir zu durchleben haben, in meiner kurzen Regierungsepoche nun schon zwei unselige Kriege! Sehr hart für einen Fürsten, der den Frieden liebt! Das raue Kriegshandwerk, lange geübt, verwildert die Sitten der Menschen, macht sie unfähig, große, erhabene Ideale zu fassen, stumpft sie ab für geistige Genüsse, denn diese allein sind imstande, dauernd zu fesseln, diese allein gewähren wahre Wonne und innere Befriedigung. Viel fürchte ich von dem Einflusse der nun bald zurückkehrenden Truppen, die jene verdammten preußenfreundlichen, deutschschwindlerischen Ideen im ohnehin schon angesteckten Volke noch mehr verbreiten werden.«

Bei der Zeremonie der Kaiserproklamation in Versailles fehlte Ludwig als einziger deutscher Fürst. Das Hurra-Rufen, Säbelschwenken und die »Heil Dir im Siegerkranz«-Hymne der Festversammlung waren auch seinem Bruder Otto zuwider, so oft die Brüder sonst verschiedener Meinung waren:

Kampf des 1. Bayerischen Corps im Deutsch-Französischen Krieg 1870/71

»Ach, Ludwig, ich kann Dir gar nicht beschreiben, wie unendlich weh und schmerzlich es mir während jener Zeremonie zumute war, wie sich jede Faser in meinem Innern sträubte und empörte gegen all das, was ich mit ansah … Alles so kalt, so stolz, so glänzend, so prunkend und großtuerisch und herzlos und leer.«

Die Struktur des neuen Kaiserreichs beschnitt Ludwigs Ideal einer absoluten königlichen Macht noch um einiges mehr als die bayerischen Reformen der ersten Hälfte des 19. Jahrhunderts. Ludwig zog sich immer mehr aus der Öffentlichkeit zurück. Zuerst wurde beim bayerischen Militär offenkundig, wie sehr der Wittelsbacher nun den Hohenzollern unterlegen war.

Eingeschränkt zumindest, was die Organisation und Ausrüstung betraf, war der König nicht mehr allein für sein Heer verantwortlich. Preußische Inspektoren wachten über die Anlehnung der bayerischen Truppen an die preußischen Regeln.

Die Deutschen in ihrer großen Mehrheit haben zu Recht die Versailler Verträge beklagt, die den Ersten Weltkrieg beendeten. Sie wurden zwischen Siegern und Besiegten nicht ausgehandelt, sondern 1919 von der deutschen Delegation nach einem Ultimatum unterschrieben. Der Protest und der Kampf gegen die Versailler Verträge wurden in den 20er-Jahren ein Kernpunkt der Agitation gegen die demokratische Weimarer Republik und Anlass für den Aufstieg des Hitler-Regimes.

Das Unheil, das die in Versailles und an anderen Orten aufgesetzten und unterschriebenen Verträge von 1870/71 anrichteten, ist den meisten Deutschen dagegen nie bewusst geworden – oder erst, als das Unheil nicht mehr

Wilhelm I. wird am 18. Januar 1871 im Spiegelsaal des Versailler Schlosses zum deutschen Kaiser proklamiert – Ludwig II. blieb der Zeremonie als einziger deutscher Fürst fern.

aufzuhalten war. So wünschenswert die Gründung eines gemeinsamen deutschen Staates war, so segensreich der Abbau von Zollschranken und viel spätbiedermeierlicher Kleinstaaterei – so verhängnisvoll prägte der Militarismus der Berliner Hohenzollern-Regierung mehr und mehr die ganze Nation. In Gestalt von Kaiser Wilhelm II. stürzte der preußische Militarismus Deutschland und bald ganz Europa in den Ersten Weltkrieg, nicht allein schuldig, aber mitschuldig an allem Kriegselend und seinen Folgen – bis heute.

Ludwig II. von Bayern misstraute schon 1873 den Berliner Vettern zutiefst, wie der Historiker und Dichter Felix Dahn in einem langen Gespräch mit dem König mit drastischen Worten zu hören bekam. Je mehr sich das Kaisertum an der Spree etablierte, desto deftiger wurde seine Sprache, sie nannte die Berliner Majestäten eine »räuberische Hohenzollern-Bagage, jenes preußische Gesindel«. Deren Großmachtansprüche waren für Ludwig ein »wahrer Frevel … geradezu verbrecherisch«.

Wie Kaiser Wilhelm II. den exzellent klugen Politiker Bismarck vor die Tür setzte, wie der Kaiser mit dem Feuer zündelte, wie er schließlich 1914 vorschnell Frankreich und Russland den Krieg erklärte und damit einer der Ersten war, die diesen Weltbrand auslösten – Ludwig II. erlebte das alles nicht, aber es hätte ihn kaum überrascht.

Warum hat der König seine Überzeugung vom Widersinn und Schaden des Kriegführens nicht öffentlich gemacht? Er hatte am Anfang seiner Königslaufbahn das bayerische Volk in seiner großen Mehrheit hinter sich und wurde – wenn er sich denn zeigte – auch nach dem 1870/71er-Krieg umjubelt.

Die Mehrheit im Parlament allerdings war nun reichsfreundlich. Daran vermochte auch die starke Fraktion nichts zu ändern, die 1870 ganz entschieden gegen das Mitmarschieren Bayerns im Krieg gegen Frankreich agitierte, auch wenn der »Schutz- und Trutzvertrag« das forderte? Einer ihrer Anführer war der Glasersohn Josef Edmund Jörg aus dem Allgäu, ein hervorragender Publizist, dessen *Historisch-politische Blätter* schon seit 1852 viel gelesen wurden. Jörg kämpfte für die bayerische Eigenstaatlichkeit: »Nicht genug, dass wir unsere politische Abdankung vollzogen haben, sollen wir auch noch unsere Armee verdoppeln, unseren Staat in einen Militärstaat und Bayern in eine große Kaserne verwandeln, um die preußischen Prätentionen gegen alle Welt zu verteidigen!«

Ludwigs Schwäche und Scheu führten dazu, dass er sich so selten wie nur immer möglich öffentlich zeigte oder gar öffentlich sprach. Diese Scheu kam aus seiner Dünnhäutigkeit, die den inneren Konflikt noch heftig verstärkte: einerseits der gekrönte König zu sein, sich als der Erste und Mächtigste zu fühlen, aber andererseits sich seines Mangels bewusst zu sein – des Mangels an nötiger Ausbildung in praktisch allen königlichen Funktionen.

Als König stellte er hohe, wohl zu hohe, Ansprüche an sich, insbesondere was sein öffentliches Auftreten betraf. Eine Selbstkritik, die mit zunehmenden Jahren eher noch geschärft wurde. Darum brachte er die Stärke nicht auf, im Freien vor großem Publikum zu sprechen, war ihm doch schon jeder Auftritt bei einer größeren Hofgesellschaft verhasst. Und das umso heftiger, wenn ein Prinz aus dem Hause Hohenzollern unter den Geladenen war.

Ein Brief an den österreichischen Kronprinzen macht deutlich, wie sehr sich Ludwig von dem Mangel an angemessener Erziehung behindert fühlte. Kronprinz Rudolf war der Sohn von Kaiserin Elisabeth, als »Sisi« schon in Kinderjahren von Ludwig bewundert und geliebt. Gerade war im Dezember 1875 in Zeitungen zu lesen gewesen, wie intensiv Kronprinz Rudolf sich für die Prüfung in Militärkunde vorzubereiten hatte. Ludwig war darauf aufmerksam geworden und schrieb seinem jungen Verwandten:

»Du bist sehr zu beglückwünschen, eine so durch und durch ausgezeichnete, verständnisvolle Erziehung genossen zu haben, ein Glück ferner ist es auch, dass der Kaiser persönlich so lebhaft für Deine Ausbildung sich interessiert, bei meinem Vater ist dies leider ganz anders gewesen, er hat mich *de haut en bas* behandelt, höchstens *en passant* einiger gnädiger kalter Worte gewürdigt.«

> »Ach, es sind traurige, entsetzensvolle Zeiten, die wir zu durchleben haben, in meiner kurzen Regierungsepoche nun schon zwei unselige Kriege! Sehr hart für einen Fürsten, der den Frieden liebt!«
> **Ludwig II. zu Baronin Leonrod**

27

Die königliche Souveränität dahin, doch die Kasse klingelt?

Ludwig II. ließ sich bei den Krönungsfeierlichkeiten 1871 nicht blicken, versäumte es aber nicht, weiter Geld für die bayerische Staatskasse von Otto von Bismarck zu fordern.

Freiherr von Werthern, preußischer Gesandter in München, meldete seinem Dienstherrn Fürst Otto von Bismarck Mitte November 1870/71: »Der König von Bayern ist durch Bauten und Theater in große Geldverlegenheit geraten. Sechs Millionen Gulden würden ihm sehr angenehm sein, vorausgesetzt, dass die Minister es nicht erfahren. Für diese Summe werde er sich auch zur Kaiserproklamation und Reise nach Versailles entschließen.«

Tatsache ist: In Versailles wurde – nach dem militärischen Sieg – über die künftigen Rechte und Pflichten Bayerns und aller Staaten in einem deutschen Kaiserreich mit einem preußischem Kaiser verhandelt. Die bayerischen Unterhändler forderten sowohl Zusagen über Gebietserweiterungen wie auch Zahlungen. König Ludwig II. blieb unter Hinweis auf »rheumatische Zahnschmerzen« den Krönungsfestlichkeiten fern, versäumte aber nicht, die Unterhändler immer noch einmal an seine Geldforderungen zu erinnern.

Nicht vergeblich. Graf Max von Holnstein, Oberststallmeister an Ludwigs Hof, machte den Boten zwischen dem bayerischen König und dem preußischen Kanzler Otto von Bismarck. Binnen vier Novemberwochen unterzog er sich der Mühe zweier Reisen, hin und her zwischen Schloss Hohenschwangau und Versailles.

Bismarck hatte bereits Mitte des Monats sein Ziel erreicht: die Unterschriften der bayerischen Minister zum Eintritt Bayerns in das neue deutsche Kaiserreich. Der Brief, mit dem Ludwig das Ende seiner Souveränität zwar nicht wörtlich bestätigte, aber indirekt eindeutig einräumte, entstand auf eine nicht alltägliche, eigenartige Weise. Nicht am Schreibtisch Ludwigs oder eines seiner Schreiber und auch nicht in Hohenschwangau. Unter vier Augen mit Ludwigs Boten, dem Grafen Holnstein, entwarf Bismarck in Versailles den »Kaiserbrief«. Den sollte der Preußenkönig Wilhelm I. von König Ludwig II. empfangen – mit dem Angebot der Kaiserwürde. Wenn schon wegen der Reiseverweigerung Ludwigs nicht persönlich, dann mit der feierlichen Übergabe des Briefes durch einen anderen Fürsten.

Nach dreitägiger Reise – so lange brauchte auch Graf Holnstein für die Strecke Versailles–Füssen – kam er am 30. November 1870 mit dem Kaiser-

Kaiser Wilhelm I. besucht im September 1871 Hohenschwangau. Der Holzstich zeigt ihn zusammen mit König Ludwig II. und der Königinmutter Marie.

brief-Entwurf nach Hohenschwangau. Seinem König, der noch immer mit Zahnschmerzen Ruhe suchte, soll der selbstsicher auftretende Oberststallmeister mit der Uhr in der Hand zur Eile geraten haben. Erhielte er das königliche Handschreiben nicht spätestens bis sechs Uhr abends, müsse er ohne den Brief zurückkreisen, das bedeute Risiken für des Königs künftige Position. Es könnten die siegreichen bayerischen Truppen in Versailles selbst den Preußenkönig zum deutschen Kaiser ausrufen.

Ludwig hat den »Kaiserbrief« im Namen der deutschen Fürsten nahezu wörtlich nach Bismarcks Entwurf geschrieben. Ein Kernsatz besagte, die »Ausübung der Präsidialrechte des Bundes … (werde) mit der Führung des Titels eines Deutschen Kaisers verbunden«. In einer beigefügten Notiz für den Kabinettssekretär Eisenhart in Versailles wies der König diesen an, den Text noch genau zu lesen und – wenn die Opfer der Bayern für den Kaiser-Bund zu groß erschienen – den Brief zu zerreißen.

Dazu freilich kam es nicht. Allerdings verzögerte sich bei den bayerischen Abgeordneten die Unterzeichnung der in Versailles von den Ministern geschlossenen Verträge so lange, dass das deutsche Kaiserreich am 1. Januar 1871 auch ohne die Zustimmung Bayerns Wirklichkeit wurde.

Zugute kam Ludwig die Bereitschaft Bismarcks, mit den dringlich gewünschten Zahlungen die Hofkasse des Königs (also nicht die Staatskasse!) aufzufüllen. Die dennoch mögliche Kritik an diesen Finanzaktionen, aus was für Kreisen immer, sollte gar nicht aufkommen. Der Reichskanzler ließ darum erst 1873 die erste Zahlung von 300 000 Mark überweisen, so auch in den folgenden Jahren. In des Königs letzten Lebensjahren war die Jahresgabe deutlich größer, insgesamt um die fünf Millionen Mark.

Dem eifrigen Boten, dem Grafen Holnstein, brachten seine Dienste am deutschen Kaiserreich preußischer Herrschaft eine Provision von zehn Prozent der genannten Summe ein.

»Der König von Bayern ist durch Bauten und Theater in große Geldverlegenheit geraten. Sechs Millionen Gulden würden ihm sehr angenehm sein, vorausgesetzt, dass die Minister es nicht erfahren. Für diese Summe werde er sich auch zur Kaiserproklamation und Reise nach Versailles entschließen.«
Freiherr von Werthern, preußischer Gesandter in München

28

Natur – geliebt nur als Ort der Einsamkeit?

Sein Leben lang hatte Ludwig das Verlangen, die Natur zu erleben, etwa bei Reitausflügen ins Gebirge, fernab der »flachen Alltäglichkeit« und lästiger Begleiter – was im Volk für große Enttäuschung sorgte, sehnte es sich doch nach einem König, der sich bei Festen und auch bei Krisen gegenwärtig zeigte.

Der zwölfjährige Kronprinz schrieb seinem Großvater Ludwig I. im Sommer 1857: »… durften wir zu unserer großen Freude den Säuling besteigen. Wir verließen mit der Mutter Hohenschwangau um halb neun und gelangten gegen ein Uhr auf die Spitze desselben, die eine sehr schöne Aussicht bietet; unter anderem sieht man München und die Ortlerspitze. Um vier Uhr machten wir uns auf den Rückweg und waren um sieben Uhr wieder in der Ebene, ohne dass selbst Otto sich übermüdet fühlte.« Gedeckte Tischlein in der freien Natur verstärkten die Lust am Bergwandern, das war für die Königskinder Ludwig und Otto nach den ersten Wanderungen mit ihrer Mutter fast schon selbstverständlich. Bei den Bergpartien mit den königlichen Herrschaften war stets eine Schar von Bediensteten unterwegs, die für eine wohlgedeckte Tafel und Menus von ähnlicher Qualität wie im Schloss sorgten.

Gut gespeist hat er immer, doch je erwachsener Ludwig wurde, desto mehr lag ihm an Stille und Abgeschiedenheit in der Natur. Ein guter, ja sehr guter Reiter war er auch.

Wie oft kommentierten seine Zeitgenossen die Neigung ihres jungen Königs zum Alleinsein! Die meisten ohne Verständnis. Anders aber die Zarin Maria Alexandrowna, von Geburt eine hessische Prinzessin, etwa 20 Jahre älter als Ludwig II. und von ihm sehr geschätzt: »Ich fürchte bei Dir diesen Hang zur Einsamkeit, zu Abschließung von Welt und Menschen; ich begreife ihn, denn er liegt in meiner Natur, allein ich glaube, wir müssen ihn bekämpfen. So, wie Gott uns gestellt, haben wir kein Recht dazu.«

Von »vielen herrlichen Reitausflügen ins Gebirge« berichtete Ludwig II. im Sommer 1865, kündigte zugleich »ernste Studien« im kommenden Winter an und die Aufbietung aller Kräfte, »um mein teures Bayernvolk glücklich zu machen«.

Sein Leben lang – also damals noch die zwei Jahrzehnte bis zum Ende im Starnberger See – wuchsen in Ludwig die Einsicht in die Kraft des Naturer-

Schloss Berg am Starn-
berger See – Ludwig II.
mochte die Stille und
Abgeschiedenheit in der
Natur.

lebens und zugleich das Verlangen, es fern dem »engen Kreise der flachen Alltäglichkeit« erfahren zu können. September 1865: »Ich werde am Sonntage auf einige Tage mich wieder hinaufflüchten in die heilige Ruhe der Natur, in die reine Luft der Berge; dort werde ich endlich wieder aufatmen können nach den Mühen bewegter Tage, lästiger Besucher; dort oben in wonniger Einsamkeit, auf Bergeshöhen, werde ich die mir so notwendige Ruhe finden.«

Solch königliches Verlangen sorgte für Enttäuschung im »teuren Bayernvolk«. Fast alle hätten nach Ludwigs Vorgängern – dem Hellas huldigenden Ludwig I. und dem kränkelnden, ganz den Wissenschaften zugewandten König Max – ihren jungen, hochgewachsenen König gern als einen baumstarken, lebenstüchtigen Jungherrscher bewundert, einen, der sich nicht in seine Schlösser und die Bergnatur zurückzog, wenn Feste zu feiern oder Krisen, gar Kriege zu bewältigen waren.

Ludwig wählte die Natur, die Einsamkeit und die Fantasie. Er war kein Feind der Technik und stimmte dem – begrenzten – Bau von Eisenbahnen über die Alpen zu. In längerer Lebenszeit hätte er wohl auch Nationalparks geschaffen, denn: »… auch für zahlreiche andere Menschen, als ich einer bin, wird die Zeit kommen, in der sie sich nach einem Lande sehnen und zu einem Fleck Erde flüchten, wo die moderne Kultur, Technik, Habgier und Hetze noch eine friedliche Stätte, weit von Lärm, Gewühl, Rauch und Staub der Städte, übrig gelassen hat.« (Gespräch mit dem Redakteur Anton Memminger, 1878)

»Ich werde am Sonntage auf einige Tage mich wieder hinaufflüchten in die heilige Ruhe der Natur, in die reine Luft der Berge; dort werde ich endlich wieder aufatmen können nach den Mühen bewegter Tage, lästiger Besucher; dort oben in wonniger Einsamkeit, auf Bergeshöhen, werde ich die mir so notwendige Ruhe finden.«
Ludwig II.

29

Der König suchte die Natur – schützte er sie auch?

Modernste Technik und Naturschutz bildeten für König Ludwig II. keinen Widerspruch, ganz im Gegenteil, in Sachen Umweltschutz war er seiner Zeit weit voraus – nicht nur in der ländlichen Bevölkerung in weiten Kreisen Bayerns dankte man dem König für sein frühes Engagement für Natur, Umwelt und Heimat.

Der Fernsteinsee am Fernpass in Nassereith, Tirol – ab 1872 unternahm der König regelmäßige Sommerreisen dorthin.

Dass der König an der modernen Technik sehr interessiert war, ist bekannt. Aber war er auch ein Naturfreund? Und nicht nur einer von denen, die sich am Sternenhimmel, an Gebirgshorizonten, an Mondnächten und Sonnenaufgängen begeistern? Hat sich Ludwig wirklich für die Natur eingesetzt? Und das schon zu einer Zeit, als die Tier- und Pflanzenwelt Mitteleuropas noch richtig reich war außerhalb der Städte? Hätte damals jemand vom Artensterben gesprochen, gar gewarnt vor dem Artensterben oder vor der Erderwärmung – seine Zuhörer hätten den Kopf geschüttelt über den Narren: »Wenn der keine anderen Sorgen hat, geht's ihm wohl zu gut.« Ähnliche Sprüche hören die Umweltschützer ja heute noch.

Ludwig war seiner Zeit voraus, zwei glaubwürdige Zeugen haben sein Bekenntnis zur Erhaltung der Naturlandschaft aufgezeichnet. Glaubwürdig sind die Zeugen darum, weil sie Eisenbahningenieure waren und eher an der neuesten Technik als an der bayerischen Natur interessiert. Die beiden Herren sollten eine Bahnstrecke von Füssen über den Fernpass nach Innsbruck entwerfen und vermessen.

Andere Quellen nennen den Redakteur Anton Memminger, der dieses frühe Beispiel eines leidenschaftlich um die Natur besorgten Textes aufgezeichnet habe – bei einem Spaziergang bei der Burg Fernstein im Jahr 1878. Die Burg Fernstein südlich von Reutte gehörte damals zum Territorium der habsburgischen k. u. k.Monarchie. Ludwig II. schätzte jedoch die Schönheit der Tiroler Alpen und speziell die Landschaft um den Fernsteinsee so hoch ein, dass er seit 1872 regelmäßig eine Sommerreise ins österreichische Ausland unternahm. Für fünf Jahre mietete er sogar zwei Zimmer und ließ sie mit Salonmöbeln und goldgerahmten Bildern ausstatten – im Bourbonenstil, ähnlich wie in Schloss Linderhof.

Das Porträt des Königs in einem Hanffeld in Utting am Ammersee, ein rund 20 000 Quadratmeter großes Labyrinth, in dem Besucher auf den Spuren Ludwigs II. wandeln können.

War König Ludwig fromm, lebte er seinen Glauben?

Der Kalvarienberg bei Füssen zeugt davon, ebenso ein Dankgeschenk an die Gemeinde Oberammergau für die Begeisterung, die die Passionsspiele bei ihm hervorriefen – an Messe und Hochamt nahm er ohne großes Aufsehen teil.

Ludwig II. war ein frommer Mann, im katholischen Glauben erzogen, wenngleich seine Mutter Marie protestantischer Herkunft war. An Fronleichnamsprozessionen wie auch an Messe und Hochamt nahm er teil, auch in Dorfkirchen, ohne einen besonderen Platz zu beanspruchen. Nach Mitte der Siebzigerjahre wurden die Kirchgänge seltener, doch hatte er in allen Wohnungen einen leichten Tragaltar und einen Betschemel.

Die religiöse Kraft der Oberammergauer Passionsspiele beeindruckte ihn tief. Er besuchte sie 1871. Und die Oberammergauer – alle Rollen wurden ja von Dörflern gespielt – gaben ihm sogar eine Separatvorstellung des vielstündigen Spiels.

Das Dankgeschenk für die Gemeinde Oberammergau war riesig: die zwölf Meter hohe Kreuzigungsgruppe, die man nahe der B 23 am Oberbichl findet. Nicht weit davon gibt es auch eine Mariengrotte. Schöpfer der feierlichen Gruppe – neben der auf einem erhöhten Podest ans Kreuz genagelten Christusfigur stehen Maria und Johannes – war der Münchner Bildhauer Johann Halbig, der vier Jahre an dem Marmorblock gearbeitet haben soll. Auch der technische Aufwand war beträchtlich: Aus einem Steinbruch bei Kehlheim an der Donau ging es mit Balken und Walzen zum Donaukanal und per Schiff nach Regensburg; von dort per Bahn auf eigens konstruierten Wagen nach München; vom Bahnhof mithilfe einer sogenannten Straßenlokomotive aus der Maffei'schen Fabrik schließlich zur Damenstiftstraße in der Altstadt, wo der Künstler sein Atelier hatte.

Leider kam es beim Transport von der Isar zur Ammer zu einem schweren Unfall. Auf einem Eisenwagen, wieder von einer Straßenlokomotive gezogen, musste das 210 Zentner schwere Kreuz durchs Oberland und dann über den Ettaler Berg transportiert werden. Eine Ungeschicklichkeit des Steinmetzmeisters mit dem Bremsknüppel ließ den Wagen kippen, der Meister und ein Arbeiter starben.

Der Kalvarienberg in Füssen zeugt ebenfalls von Ludwigs Frömmigkeit. Er weilte hier wenige Wochen vor seinem Tod. Auf dem Weg über der Kirche »Maria am Berg« stieg er die Stationen des Kreuzwegs hinauf – in einer Zeit,

Der Kalvarienberg in Füssen zeugt von Ludwigs Frömmigkeit. Das ungewöhnliche Kreuz mit Schlange, das der Wanderer auf halber Höhe findet, bezieht sich auf einen Spruch aus dem Johannesevangelium.

Die Marienkirche ist eine Station des Kreuzweges am Kalvarienberg bei Füssen, den Ludwig II. des Öfteren beging.

als er ratlos war und sah, dass er kaum Hilfe von Menschen erhalten würde. Er ging diesen Kreuzweg hinauf am Karfreitag 1886. Er betete, so wird überliefert, an allen 14 Stationen, bis hinauf zur Plattform mit den drei Kreuzen, die Aussicht hinunter nach Schloss Hohenschwangau und Neuschwanstein bietet.

Sein Vater Maximilian II. war es, der angeordnet hatte, in der Kapelle auf der Höhe eine Kerze zu brennen, die er im Schloss Hohenschwangau sehen konnte. Ludwig hatte diesen Brauch für die Zeit, die er auf Hohenschwangau wohnte, beibehalten. In der von Ludwig so geliebten Bergnatur fand er vermutlich auf der Suche nach Trost zur Frömmigkeit seiner Kindertage.

Der Kalvarienberg wurde um 1840 von der Pfarrei St. Mang in Füssen eingerichtet, er ist einer der landschaftlich schönsten weit und breit. In den Kapellen sind Kreuzwegbilder im Stil der Nazarener zu sehen. Von einem Platz mit einem Gedenkstein hat man einen wunderschönen Ausblick auf die Stadt Füssen. Auf halber Höhe liegt die sogenannte Hirschwiese mit einer Kapelle und einer modernen Kreuzigungsgruppe. Das ungewöhnliche Kreuz mit einer Schlange bezieht sich auf einen Spruch aus dem Johannesevangelium, 3,14: »Wie Moses in der Wüste eine Schlange erhöht hat, so muss der Menschensohn erhöht werden.«

31

Wen bewunderte Ludwig II. so sehr, dass er für ein Gespräch mit ihm seinen Thron hergegeben hätte?

Den 1849 verstorbenen amerikanischen Dichter Edgar Allen Poe, in dessen Natur Ludwig II. gewisse Ähnlichkeiten erkannte: ein nichtkonformes Kunstverständnis, eine melancholische Einsamkeit und das Unverständnis von nahestehenden Personen.

Bei einem Interview mit dem amerikanischen Journalisten Lew Vanderpoole im Jahr 1882 öffnete der König, was seine literarische Vorliebe anbelangte, sein Herz. Er erklärte seine höchste Bewunderung für den amerikanischen Dichter Edgar Allan Poe. Der war damals schon lange nicht mehr unter den Lebenden, er starb 1849 im Alter von 40 Jahren. Aber sein legendärer Ruf hatte schon zu seinen Lebzeiten den französischen Schriftsteller Charles Baudelaire begeistert ausrufen lassen, Poe sei ein »neuer Heiliger in der Gesellschaft der erlauchten Unglückseligen«.

Das trifft wohl genau die Stimmung, deretwegen sich Ludwig zu dem toten Dichter hingezogen fühlte: »Ich glaube, dass eine gewisse Ähnlichkeit zwischen Poes Natur und der meinen besteht.« Nicht nur im Lebensweg des Unverstandenen schien der König eine Entsprechung zu eigener Erfahrung zu sehen. Poe machte in jungen Jahren Zeiten der seelischen Vereinsamung durch, der Ablehnung durch Menschen, die ihm nahestanden – Ludwig litt unter der Zurückweisung durch seinen Vater und unter Gefühllosigkeit in seiner Erziehung.

Parallelen wurden auch entdeckt in beider Kunstverständnis, das gängiger Gesellschaftsnorm nicht entsprach, nicht entsprechen wollte. Dazu passten Ludwigs Gefühl der Gleichheit geistiger Interessen, die Neigung zur Melancholie, die er bei Poe wie bei sich beobachtete, und die stark ausgeprägte Empfindsamkeit, die sich immer wieder zum Leiden an der Umgebung steigerte.

Welch großen Einfluss Poes Dichtung auf Ludwig hatte, blieb lange verborgen. Poe konnte seine seelischen Leiden und Abgründe in Poesie umsetzen. Sein wechselvolles Leben ließ ihn wiederholt die Nähe zum Tod erleben – seine Mutter starb, als er ein Kind war; er überlebte seinen Bruder und seine junge Ehefrau; seine Dichterwerke sind geprägt von Düsternis des überschatteten Lebens. Poe kannte die Verzweiflung, kannte auch den Hang zur Betäubung in schwarzen Stunden. Seine Umgebung trug ihm gerade das

> »Ich glaube, dass eine gewisse Ähnlichkeit zwischen Poes Natur und der meinen besteht.«
> Ludwig II.

nach, man hielt ihn für einen unmora-
lischen Säufer, weil er schon von ge-
ringen Mengen Alkohol aus dem Gleis
geworfen wurde. Auch der König
wurde von seiner Umgebung wegen
seiner Lebensweise verurteilt. So, wie
Poe sich in die Welt seiner morbid-fan-
tastischen Dichtung zurückzog, so
flüchtete der König zu den fantastischen Plänen bei der Gestaltung seiner
Schlossbauten.

Der König und der Dichter hatten
offensichtlich beide das tiefe Bedürf-
nis, ihre Kunst möge sich mit dem
Leben verbinden, mit ihrem Dasein
eins werden. Beide fühlten, dass sich
solche Vereinigung in ihrer Welt nicht
verwirklichen ließ. Poes dunkle Poesie
ist nicht Todessehnsucht, so wenig wie

Ludwigs Schlösser melancholische Weltverneinung sind. Dass beide in den
Tiefen ihrer Lebensläufe Suizidgedanken hatten, ist bei keinem von ihnen
vorherrschender Charakterzug.

»Für mich ist Poe einer der wunderbarsten aller Schriftsteller … einer der
größten Menschen, die je geboren wurden«, soll der König gesagt haben.
Sah er in Poe und dessen Werk ein Spiegelbild seines Daseins? Der Prüfstein
einer tatsächlichen Begegnung konnte nie stattfinden.

Übrigens: Auch beim Tod von Edgar Allan Poe entstanden Mutmaßun-
gen und Diskussionen über die Todesursache, die Palette derer ist groß: Cho-
lera, Tollwut, Diabetes, Syphilis und Alkoholismus; nicht zuletzt die
Annahme, der Schriftsteller sei das Opfer von sogenannten Wahlschleppern
geworden – Kriminelle, die Politiker unterstützten, indem sie Passanten auf-
griffen und sie unter Einfluss von Drogen zwangen, für ihren Kandidaten zu
votieren. Die Theorien sind allesamt unbelegt, Poes Todesumstände bis
heute ungeklärt.

Seit 2008 gibt es eine ausführliche Veröffentlichung über Edgar Allan Poe
und Ludwig II. von Alfons Schweiggert.

Porträt des amerikani-
schen Schriftstellers
Edgar Allen Poe, den
König Ludwig II. sehr be-
wunderte

32 Theater – warum immer allein für den König?

Der König genoss Vorstellungen um Mitternacht – für sich allein und mit strikten Regeln versehen; so musste vor Beginn und nach Ende der Aufführung absolute Stille herrschen.

»Ich kann keine Illusion im Theater haben, solange die Leute mich unausgesetzt anstarren und mit ihren Operngläsern jede meiner Mienen verfolgen. Ich will selbst schauen, aber kein Schauobjekt für die Menge sein!« Mit dieser Erklärung Ludwigs II. an Ernst Ritter von Possart (1841–1921) – Berliner von Geburt, am Münchner Hoftheater seit 1864, seit 1872 Spielleiter, von 1895 bis 1905 Generalintendant – begann die Ära der nächtlichen Separatvorstellungen.

Die Aufführungen großer Opern fanden im Nationaltheater statt, die meisten aber im Residenztheater oder wohl auch in den fantastisch arrangierten Räumen des Wintergartens auf dem Dach der Residenz.

Mehr als 200 Aufführungen für den theaterbegeisterten Nachtmenschen König bucht die Bühnenchronik. Erst gegen Mitternacht kamen die Schau-

Das Münchner Hoftheater, kurz vor einer abendlichen Aufführung, Holzstich aus dem Jahr 1889. Der König genoss hier mitternächtliche Separatvorstellungen, absolute Stille vor und nach dem Theaterstück gehörte zu den Regeln.

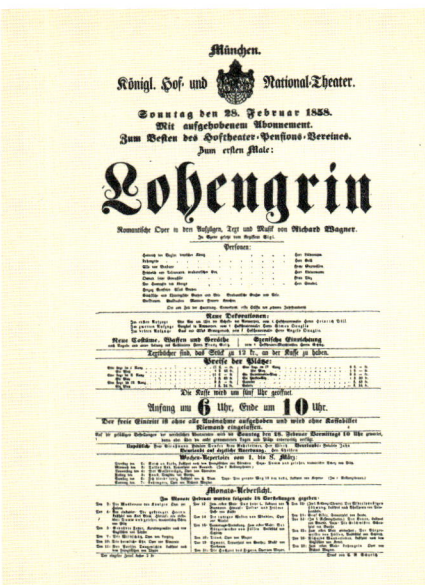

spieler aus ihren Garderoben. Schweigen, absolute Stille, gehörte zu den Regeln vor Beginn und nach Ende des Spiels. Pünktlich um Mitternacht pflegte der König in seine Loge zu treten, und auf ein Glockenzeichen hin öffnete sich der Vorhang. Am Ende der oft vielstündigen Vorstellungen blieb der König noch nachdenklich, nachträumend an seinem Logenplatz. Erst wenn er sich entfernte, durften auch die Schauspieler die Bühne verlassen.

Theaterzettel zur Aufführung des *Lohengrin* am Königlichen Hof- und Nationaltheater im Februar 1858

Charlotte Wolter über ihren Auftritt in München:

»Endlich betrat ich die Szene. Es fehlte mir der zwischen dem Publikum und den Künstlern bestehende elektrische Kontakt. Was mich aufrecht hielt, war der Gedanke, dass der unsichtbare Zuschauer wirklich einen großen künstlerischen Sinn besitzt und dass, durch alle Fantastereien hindurch, auf dem Grunde seiner Seele wahre Leidenschaft für meine Kunst lebt. Dieser Gedanke schmeichelte mir und beruhigte mich zugleich. Ich wusste, dass der König mich nicht aus den Augen ließ …«

Die gefeierte Schauspielerin entwarf ihre Kostüme immer selbst und das Publikum liebte sie für ihre kräftige Stimme (der »Wolter-Schrei«). Ihre Laufbahn begann im heutigen Budapest, ehe sie 1859 ans Victoriatheater in Berlin wechselte. Weitere Karrierestationen waren das Thalia-Theater in Hamburg und das Wiener Burgtheater, zu ihrem Repertoire gehörten beispielsweise Maria Stuart oder Lady Milford in Friedrich Schillers *Kabale und Liebe*.

33

Warum war Ludwig bei Bauern und Holzfällern so beliebt?

Durch die vielen Schlossbauten verschaffte Ludwig II. der Landbevölkerung nicht nur Arbeit, er erkundigte sich vielmehr nach den Lebensumständen der Bevölkerung, machte Geschenke und zeigte ehrliche Teilnahme.

Die Frage ist einfach zu beantworten: Ludwigs Zuneigung galt den einfachen Bewohnern der Berge. Er mied städtische Umgebung, höfische Gruppen und Gesellschaftsformierungen, doch war er aufgeschlossen den bodenständigen Bewohnern der Alpen gegenüber. Kaum einer der städtischen Zeitgenossen wusste das, sie wurden ja kaum Zeugen von solchen Begegnungen. Der König liebte es, (häufig bei Nacht) durch Wald, durch Täler, bergauf, bergab zu fahren. Wenn er Holzfäller und Bauern auf seinen Fahrten sah, ließ er öfter anhalten und fing ein Gespräch an, erkundigte sich nach Lebensumständen und Arbeit. Freimütige Auskünfte belohnte er mit Geschenken. Es wird berichtet, dass der König einen Hirten nach der Uhrzeit fragte, der ihm kurz antwortete, wie könne er die wissen, ohne eine Uhr zu besitzen. Kurz darauf ließ Ludwig dem Burschen eine silberne Taschenuhr mit eingraviertem Königsbild bringen. Abgesehen von Geschenken erhielten viele der sehr armen Bergbewohner durch die Bauten des Königs (an Straßen und Schlössern) bezahlte Arbeit; das bedeutete damals viel, denn die Berggebiete waren ökonomische Notstandsregionen. Aufgrund dürfti-

Das Porträt des Königs als Relief über einer Hofeinfahrt im Ostallgäu – noch heute genießt Ludwig II. hohe Beliebtheit bei der Landbevölkerung.

ger Erträge aus der Landwirtschaft herrschten in den langen Wintern Hunger und Dunkelheit (es gab ja nur das Kienspanlicht). Und da ließ nun der König im abgelegenen Graswangtal ein feenhaftes Schloss, mit Gold und Marmor verziert, bauen. Das sprach sich herum, das wurde bewundert, war Objekt des Traums, der Fantasie in der dunklen Welt!

Der bayerische Schriftsteller Ludwig Thoma berichtete aus seiner Kindheit in der Vorderriß, dass der König dort in der Kapelle an den Gottesdiensten teilnahm, dass die Bewohner ihn bestaunten und feierten. Auch der Schriftsteller Oskar Maria Graf überliefert in seinem Erinnerungsbuch aus dem Leben seiner Mutter, dass der König im nahe bei Schloss Berg gelegenen Dorf anhalten ließ und sich mit den Menschen unterhielt; besondere Teilnahme zeigte er für ein behindertes Kind.

Die Sympathie der kleinen Leute litt nicht darunter, dass Ludwig seine Diener angeblich recht willkürlich behandelte, cholerisch und handgreiflich wurde. Viele dieser Vorfälle sind wohl in den Befragungen vor der Entmündigung des Königs übertrieben geschildert oder nachträglich aufgebauscht worden, um seine geistige Umnachtung zu belegen.

Als die Kommission zur Verhaftung des Königs 1886 zum Schloss Neuschwanstein kam, protestierten und bedrohten die Landleute die Kommissionsmitglieder. Es war nicht die Agitation der Baronin Spera von Truchseß, der die Schuld an diesem Volksauflauf zugeschoben wurde, das Landvolk kam spontan bei der ungeheuerlichen Nachricht zusammen.

Das Gefühl einer großen Ungerechtigkeit überlebte den König, Trauer und zugleich Freude an den wunderbaren Schlössern sind Ursache anhaltender Verehrung.

Schloss Neuschwanstein in einem Hanffeld in Utting am Ammersee. Das 20 000 Quadratmeter große Feld wurde in 1200 Arbeitsstunden geschaffen.

34

Speiste König Ludwig königlich – und was aß er am liebsten?

Er speiste königlich, davon zeugen insbesondere die Speisesäle, und er speiste vor allem mit Überraschungsmomenten – wann und wo er dinierte, entschied Ludwig II. häufig recht spontan.

Man kann Bildern aus Ludwigs späteren Jahren ansehen, dass er üppiges Essen schätzte. Der Münchner Theodor Hierneis kam als Lehrling in die königliche Hofküche und begleitete dann als junger Koch jahrelang den König. Er berichtete 1953 rückblickend in einem Buch, das dankenswerterweise 2010 wieder gedruckt wurde, einiges Grundsätzliche in Bezug auf die Gepflogenheiten der Küche bei Hofe. Zum Beispiel richteten sich Speisenfolge und Rezepte ganz nach dem Vorbild der französischen Küche, im Gegensatz zum preußischen Hof, wo man sich an dem Geschmack der Engländer orientierte.

Das Leben eines Kochs im Gefolge von Ludwig war nicht leicht. Der König machte, wie bekannt, die Nacht zum Tage. Er frühstückte zu der Zeit, in der andere Leute das Abendbrot einnehmen. Das Diner, eine Hauptmahlzeit mit mehreren Gängen, folgte dann nach Mitternacht.

Einige Stunden später am frühen Morgen, bevor der König zu Bett ging, gab es die Mahlzeit, die dem Souper entsprach. Der König war manchmal sprunghaft: Kurz vor einer Mahlzeit konnte er beschließen, an einem anderen Ort zu speisen – zum Beispiel statt in Hohenschwangau in Neuschwanstein.

Dann packte das Küchenpersonal in großer Eile den »Fourgon«, einen Küchen-Gepäckwagen, in den die Speisen sicher und gewärmt gepackt wurden und der, geländegängig, über Stock und Stein gezogen wurde. Das Leben der Köche und Küchenhelfer war sehr ruhelos, an Nachtschlaf war selten zu denken.

In Schloss Linderhof wurde oft in den Parkgebäuden serviert, in der Blauen Grotte, aber auch in der Hundingshütte. Die Kücheneinrichtungen waren in diesen Gebäuden sehr eng und einfach, und doch musste alles zur rechten Zeit fertig werden.

Die Hebebühne unterhalb des Speisezimmers im Schloss Herrenchiemsee; die Vorrichtung war für ein versenkbares »Tischlein deck dich« installiert.

Der König wünschte natürlich mehrgängige Essen, auch wenn er sich in der einfachsten Berghütte aufhielt. Eine Besonderheit Ludwigs war auch, dass er Speisen nach dem Stil der Umgebung auswählte, der war in einer Hütte nun eher volkstümlich, im Schloss fein und verschwenderisch. Der König ließ meist nicht nur ein Gedeck auflegen, auch wenn er allein war. Er speiste mit Personen seiner Fantasie, hatte in Gedanken die französische Königin Marie Antoinette zur Gesellschaft.

Das versenkbare »Tischlein deck dich« wurde sorgfältig bereit gemacht, sobald der König den Speisesaal betreten wollte. Ludwig wollte möglichst wenig vom Personal sehen, er soll sich auch kaum dankbar gezeigt haben für all die Mühe.

Was aß Ludwig am liebsten? Leider wollte er nur ganz weich gekochte Speisen, denn seine Zähne waren sehr schlecht. Angeblich ließ er sie aus Angst vor dem Zahnarzt nicht richten. Also standen pürierte Suppen ganz oben auf der Speisekarte oder Brühe mit Einlagen wie kleinen Knödeln, Leberspätzle und Ähnlichem. Er mochte Fisch mit Kräuterbutter oder in Weinsoße, der jedoch sehr sorgfältig von Gräten befreit und wieder ansehnlich zusammengesetzt wurde. Rindfleisch wurde drei bis vier Stunden langsam gar gekocht und musste auf der Zunge zergehen. Geflügel und Wild waren beliebt – in Rahmsoße oder mit Johannesbeergelee – und weiches Gemüse mit frischer Butter. Der König trank nicht viel Wein, aber solchen von bester Qualität, zum Beispiel Pfälzer, Bordeaux, Rheingauer. Sehr gute Dessertweine waren immer dabei. Und ein Likör oder Arrak auch.

Das Speisezimmer des Königs auf Schloss Herrenchiemsee

35

Hielt Ludwig seine Minister zu sehr auf Distanz?

Schon recht bald nach seiner Krönung ging Ludwig II. auf Distanz zu seinen Ministern, was einige auszunutzen wussten – mit dem Verlust von Macht und Souveränität als Folge.

Sie waren alle heftig überrascht, ja verblüfft: die Minister in der königlichen Regierung. Man darf sich das so vorstellen: Der junge König war erst vor zwei Monaten gekrönt worden, im Mai 1864, und nun entließ er Minister! In diesem ersten Jahr war Ludwig II. ein eifriger König – konzentriert, ob er Audienzen gab, Akten studierte oder Dokumente und Dekrete unterzeichnete. Man weiß auch noch, dass er, der später ein Nachtmensch wurde, in dieser ersten Phase so früh aufzustehen pflegte wie sein Großvater Ludwig I.

Wie sehr der kaum 20-Jährige die Last der königlichen Verantwortung spürte, haben genaue Beobachter jedoch auch wahrgenommen. Graf Eduard Bomhard (1809–1886), von 1864 bis 1867 bayerischer Justizminister, notierte: »Auffallend war mir sehr bald, dass er zuweilen, wenn Auge und ganzes Wesen Anmut und Wohlwollen zu zeigen scheint, sich plötzlich in die Höhe richtet – mit ernstem, selbst strengem Blick umherschauend –, ein finsteres Wesen annimmt, völlig im Kontrast mit der anmutsvollen Jünglingserscheinung.«

Es dauerte nicht lange, bis Enttäuschungen Ludwig dazu bewogen, auf Distanz zum bayerischen Regierungsapparat zu gehen. Er ließ sich dann – wie übrigens auch seine königlichen Vorfahren – ministerielle Berichte und Entwürfe regelmäßig von den Kabinettssekretären vorlegen. Diese stellten die Kontakte her, Ludwig arbeitete mit denselben, die schon seinem Vater gedient hatten. Voran der Chef des Kabinettssekretariats; der Staatsrat Franz Xaver Pfistermeister (1820–1912) war ein verlässlicher, konservativer Altbayer, von dem sich Ludwig später nur schwer trennte.

Anders als seine Vorfahren verzichtete Ludwig jedoch bald nicht nur auf das persönliche Gespräch mit seiner Regierung, sondern er verzichtete auch auf ihre Nähe und zog in die Bayerischen Alpen, möglichst weit weg von den allzu üblichen Winkelzügen und internen Machenschaften. Unvermeidlich verlor Ludwig damit mehr und mehr an Einfluss, er behielt aber pflichtbewusst die regelmäßige Aktendurchsicht bei – bis zu den letzten Tagen seiner 22-jährigen Herrschaft.

Der Minister, der diese Situation am geschicktesten für seine Zwecke nutzte, war Johannes Lutz (1826–1890) aus Unterfranken, Sohn eines Volks-

Johann v. Lutz, k. bairischer Staatsminister.

Johann von Lutz, von 1867 bis 1871 Justizminister und von 1867 bis 1880 Kulturminister (anschließend zehn Jahre Ministerpräsident von Bayern) – Ludwig II. pflegte schon bald nach seiner Krönung eine gewisse Distanz zu seinen Ministern.

schullehrers, der nach Abschluss der juristischen Universitätsprüfung 1848 und der großen juristischen Staatsprüfung zwei Jahre später eine steile Karriere vollzog. Am Anfang seiner Münchner Laufbahn schon »Oberappellrat« und Vertreter Pfistermeisters, hatte er Richard Wagner den Wunsch des Königs zu übermitteln, München unverzüglich für einige Monate zu verlassen. Wagner, so ist überliefert, glaubte Lutz nicht und antwortete mit Gelächter. Am nächsten Tag schickte ihm der König die Ausweisung schriftlich.

Schon 1867 ernannte Ludwig II. Lutz zum Justizminister, dann auch zum Kultusminister, 1880 zum Präsidenten des Ministeriums und erhob ihn in den erblichen Freiheitsstand. Mit kalter Vernunft beobachtete Lutz die selbst gewählte Isolation des Königs und forderte angesichts steigender Schulden, alle Bauten einzustellen. Gemeinsam mit Prinz Luitpold konnte Lutz dem berühmten Psychiater Bernhard von Gudden ein dubioses Gutachten über den Geisteszustand des Königs abgewinnen. Es heißt, ihm sei dabei die Fortdauer im Amt des Ministerpräsidenten zugesagt worden.

»Auffallend war mir sehr bald, dass er zuweilen, wenn Auge und ganzes Wesen Anmut und Wohlwollen zu zeigen scheint, sich plötzlich in die Höhe richtet – mit ernstem, selbst strengem Blick umherschauend –, ein finsteres Wesen annimmt, völlig im Kontrast mit der anmutsvollen Jünglingserscheinung.«
Graf Eduard Bomhard

36

Verschuldet? Sehr! Geisteskrank auch? Wohl kaum!

Die Schuldenlast war drückend, aber mit den richtigen Beratern hätte Ludwig II. das Problem lösen können. Derweil gelang es seinen Gegnern, alles zu des Königs Ungunsten auszulegen und ihn als geisteskrank zu erklären und einzusperren.

Die Sanierung der königlichen Schuldenlast war kein unüberwindliches Problem. Ludwig hatte wenig Einblick in Geldgeschäfte, aber immer noch hilfsbereite Experten in der Finanzszene. Ganz konkret erbot sich Direktor Kleeberg, Chef der Frankfurter Versicherungsgesellschaft gegen Wasserleitungsschäden, im Sommer 1885 eine Anleihe von 20 Millionen Mark zu beschaffen und für den künftigen Ausgleich der Kabinettskasse zu sorgen.

Hofsekretär Gessner, der Verhandlungspartner seitens der bayerischen Regierung, wurde jedoch entlassen, sein Nachfolger sabotierte den Abschluss des Darlehens. Der Brief Kleebergs an den König mit nochmaliger Bestätigung der Darlehensgewährung am 13. März 1886 blieb ohne Antwort – Ludwig hat ihn nie erhalten. Zwei Monate später, am 16. Mai 1886, wandte sich Kleeberg entmutigt, aber noch immer bereit, den Vertrag zu schließen, an Reichskanzler Bismarck: Mit dem König von Bayern, schrieb er, werde ein eigentümliches Spiel getrieben … zum schweren Schaden der Monarchie. Bismarck notierte am Rand des Briefes: »Durch die Ereignisse überholt. Ad acta 22.5.86.«

Bismarck selbst beobachtete die hektischen Bemühungen der bayerischen Regierung um eine Entmündigung des Königs sehr aufmerksam. In der bayerischen Regierung drängten starke Kräfte auf eine Regentschaft von Prinz Luitpold. Der war nicht abgeneigt – samt seiner Familie. Sein erstgeborener Sohn Ludwig – im gleichen Jahr geboren wie Ludwig II. – avancierte dann später auch de facto erst zum Regenten (1912/13), dann zum letzten bayerischen König (von 1913 bis 1918). Bismarck war bekannt, wie sehr das bayerische Volk König Ludwig immer noch verehrte und liebte. Als Reichskanzler wollte er jeden Anschein einer Einmischung aus Berlin vermeiden. Allerdings sah er mit Skepsis die Absicht der bayerischen Kammern: »Durch das Vorgehen von oben, aufgrund des irrenärztlichen Zeugnisses … gewinnt die Angelegenheit auf jeden Fall den Charakter des Geheimnisvollen.«

Für Bismarck stand im Kern der Münchner Krise sein Wille, das monarchische Prinzip im Reich zu erhalten. Darum galt es, Unruhe im Volk und

Zulauf zu den demokratischen Parteien zu vermeiden. Den Prinzen Luitpold zum Nachfolger Ludwigs II. zu bestimmen, sollte vom Parlament vorgetragen werden, aus der Mitte der Volksvertretung. Ergreife der Prinz selbst die Initiative, so würde vielleicht ein gewisses Odium auf ihn fallen. Das sah der Reichskanzler sehr richtig – überging aber das Risiko, dass im Maximilianeum über der Isar der parlamentarische Protest gegen die Entmündigung des Königs sehr laut werden könnte.

Die luxuriöse Ausstattung seiner Schlösser war mit ausschlaggebend für die drückende Schuldenlast. Die Abbildung zeigt einen Kronleuchter im Schloss Herrenchiemsee.

So begann der dubios motivierte Königssturz unter dem Siegel der Verschwiegenheit. Freiherr von Crailsheim, bayerischer Außenminister, drängte, alles solle »bis zum Tag der Entscheidung … vollkommen geheim bleiben und das ganze Land eines Morgens mit dem Manifest des Prinzen Luitpold überrascht werden«. Man beschloss, den König zu »internieren« – aber wo? Wer könnte verantwortlich die Aufsicht über den Exmonarchen übernehmen? Das bevorstehende Jahrhundertfest zum 100. Geburtstag Ludwigs I. stand Anfang Juli bevor, noch vorher sollte sein Enkel entmündigt werden. Und jetzt war schon Mai, man war noch dabei, Beweise für seine Geisteskrankheit zu sammeln.

Ein makabres Unternehmen – war doch die Zahl der Personen gering, die den König in den letzten beiden Jahren öfter und über einen längeren Zeitraum sehen und beobachten konnten. Ludwig suchte schon früh Begegnungen mit Regierungsmitgliedern zu vermeiden, hatte eine Scheu vor Festen, erledigte die Akteneinsicht per Kurier und sah zumeist nur seine Sekretäre und seine Dienerschaft. Deren Auskünfte waren zumindest teilweise diametral verschieden, wohl nicht zuletzt, weil einige von Ludwigs Zornesausbrüchen zutiefst verletzt waren, andere ihren Dienst beim König als Auszeichnung empfanden.

Es gab wenig in des Königs Tageslauf, das ihn jetzt nicht der Geisteskrankheit verdächtig machte – nicht nur Menschenscheu und Schlösserbau, auch sein Interesse an Flugmaschinen oder schlicht seine Neigung für die

Farbe Blau. Seine Strafandrohungen gegen Diener, die gegen seine Regeln verstießen, waren öfters rüde (»… man soll ihn nach Amerika schicken … «), kamen aber nicht zur Ausführung. Gottfried Böhm, erster Biograf des Königs, verstieg sich zu der Behauptung, Ludwigs Bauleidenschaft sei »nichts anderes als eine Äußerung seiner geistigen Erkrankung«. Man fragt sich, wem es da an Urteilsvermögen mangelt.

Einige Personen, die den König lange kannten, weigerten sich, zur Vorbereitung des Gudden-Gutachtens über ihn auszusagen, andere hoben hervor, wie geistig wach sie ihn noch jüngst im Gespräch erlebt hatten.

Davon steht nichts in dem umfänglichen Gutachten, das der Obermedizinalrat Professor Gudden in einem Tag und einer Nacht aus dem gesammelten Aktenmaterial erstellte. Dieses Aktenmaterial stimmte vollständig überein, wie der Würzburger Universitätsprofessor Dr. Grashey (Guddens Schwiegersohn) bestätigte und damit zugleich offenbarte, dass die für den König positiven Protokolle den vier Gutachtern gar nicht zur Kenntnis gegeben wurden.

Auch fand seitens der Gutachter keine Befragung der Zeugen zu ihren Äußerungen statt; Gudden fertigte das von der Regierung bestellte Gutachten ganz nach eigener Einschätzung. Es wurde ohne weitere Diskussion von allen vier Gutachtern am 8. Juni 1886 unterschrieben (von Gudden, k. Obermedizinalrath; Dr. Hagen, k. Hofrath; Dr. Grashey, k. Universitätsprofessor; Dr. Hubrich, k. Direktor). Bis heute ist dieses Gutachten ein höchst interessantes Dokument ärztlicher Selbstherrlichkeit – und auch regierungsamtlicher: Nicht nur ein Mal steht in den amtlichen Mitteilungen, vier Psychiater hätten den König untersucht – de facto hatte es keiner getan. Und nicht einmal tun können, der König hätte es ohne Gewaltanwendung nicht zugelassen. Der Schlusssatz des zehn Seiten umfassenden Dokuments lautet:

»Durch die Krankheit ist die freie Willensbestimmung Seiner Majestät vollständig ausgeschlossen, sind Allerhöchstdieselben als verhindert an der Ausübung der Regierung zu betrachten und wird diese Verhinderung nicht nur länger als ein Jahr, sondern für die ganze Lebenszeit andauern.«

An diesem 8. Juni ging an den Deutschen Kaiser Wilhelm I., an die Könige von Sachsen und Württemberg, an die Großherzöge von Sachsen-Weimar, Baden und Oldenburg sowie an den Kaiser von Russland die Nachricht, Prinz Luitpold übernehme für seinen Neffen die Regentschaft. Prinz Luitpold selbst war der Absender.

Das luxuriöse Schlaf-
zimmer des Königs im
Schloss Herrenchiemsee

Zu denen, die das Gutachten Professor Guddens und seiner Kollegen für falsch befanden, gehörte auch König Ludwigs ehemaliger Leibarzt, der Geheime Rat und Obermedizinalrat Dr. Schleiß von Löwenfeld. In einem langen Schreiben erläuterte er Bismarck, dass die Lebensführung des Königs von Kindertagen bis zum aktuellen Zeitpunkt zwar von dem Psychiater von Gudden zutreffend dargestellt sei, diese Befunde aber nicht als Zeichen von Geisteskrankheit zu werten seien. Schlussaussage: Von der Existenz »eines schweren Leidens, welches Seine Majestät den König Ludwig II. an der Ausübung der Regierung dauernd verhindert«, sei der Unterzeichnete durchaus nicht überzeugt.

Doch auch dieser Rettungsruf bewirkte nichts. Bismarck vermerkte am 14. Juni 1886: »Wir sind nicht competent zu irgendwelcher Entscheidung.« Schon am 9. Juni wurde der König amtlich entmündigt. Die Zeitungen erfuhren davon nichts, heißt es. Ob der Staatsakt dem Volk vorerst verheimlicht wurde, ist zweifelhaft, zumindest erschien die Nachricht am 10. Juni im Gesetz- und Verordnungsblatt des Königreichs Bayern. Als Kuratoren – so nannte man die Personen, die für Entmündigte verantwortlich waren – ließen sich Graf Holnstein und Graf Törring-Jettenbach bestimmen. Was Graf Holnstein betrifft, war auch das eine für den König kränkende Wahl, hatte er Holnstein doch nachdrücklich aus seiner Nähe gewiesen.

37

Was fasziniert Sie an Männern, Majestät?

Ludwig II. pflegte einige sehr enge Freundschaften zu Männern, etwa zu Richard Wagner oder dem noch jungen Schauspieler Joseph Kainz; seine Umgebung war davon recht irritiert.

Nein, niemand hätte es gewagt, den König so zu befragen. Seine pathetischen Freundschaftsbriefe, ob an den zweifelhaften Freund Richard Wagner oder an den kaum weniger leidenschaftlich bewunderten Schauspieler Joseph Kainz, wollen aus ihrer Zeit verstanden werden. Wie fern doch unsere Gegenwart dem Geist des deutschen 19. Jahrhunderts ist, damals um 1880, als die Stunde des nüchternen Naturalismus in Literatur und Kunst noch nicht geschlagen hatte! »Das heilige Feuer der hehren Liebe zur Kunst, welches in Ihnen flammt und diejenigen unwiderstehlich mit sich fortreißt, welche wirklich Sie zu hören und zu sehen verdienen, wird, wie könnte man daran zweifeln, triumphierend sich Bahn brechen, und an dieser heiligen Gewalt müssen die Ränke Ihrer Feinde zu Schanden werden.«

Für den 23-jährigen Joseph Kainz – 13 Jahre jünger als der König, diesem bei einer der nächtlichen Separatvorstellungen aufgefallen – war Ludwigs spontane freundschaftliche Zuneigung ein Glücksfall und seiner Karriere nützlich (1883 wechselte Kainz ans neu gegründete Deutsche Theater in Berlin, wo er zum berühmtesten deutschen Charakterdarsteller seiner Zeit avancierte). Zu einer gemeinsamen Reise in die Schweiz ließ sich Kainz vom König gern einladen, er deklamierte Schillers *Wilhelm Tell* und anderes zu Tages- und Nachtstunden und scheute sich auch nicht, den Künstlerdienst zu verweigern, wenn ihn Müdigkeit packte. Die königliche Zuneigung bekräftigten Ludwigs kostbare Geschenke. Kainz meldete seiner Mutter nach Düsseldorf »drei Uhren und

Porträt des Schauspielers Joseph Kainz, zu dem Ludwig II. ein sehr enges, aber einseitiges Verhältnis pflegte

eine prachtvolle Elfenbeincigarrentasche«, dann »vier große brillantene französische Lilien«. Der Schauspieler, den Ludwig in seinen Briefen »herzlichst« als »mein Bruder« anredete, dankte kühl. Es blieb bei der einen gemeinsamen Reise.

Sieben Jahre nach Ludwigs Tod, 1893, nannte der Wiener Komponist Max Leythäuser in seinem Buch *Die Scheinwelt und ihre Schicksale* Ludwigs Zuneigung zu Kainz »krankhaft«.

Freundschaft über viele Jahre hin verband den König mit dem fast gleichaltrigen Friedrich Brandt (1846–1927), auch aus der Theaterwelt, aber nicht Schauspieler, sondern Hofmaschinist und als solcher hoch begabt für nicht alltägliche technische Aufgaben. Wieder erstaunt die überschwängliche Sprache der Briefe Ludwigs den Leser des 21. Jahrhunderts. Eine Haarlocke, um die Ludwig den Freund gebeten hatte, nennt er »die theure Locke des vielgeliebten Hauptes«. Anders als bei den meisten Männerfreundschaften Ludwigs hat die beiderseitige Zuneigung in der emphatischen Tonlage »herzinniger Freundesgrüße« über lange Jahre gehalten. Auch deshalb, weil beide, der König wie der Hofmaschinist, technisch interessierte Charaktere waren, auf neue Erfindungen aus … Ein Lieblingsprojekt Ludwigs war eine Flugmaschine, die zumindest den Flug über den Alpsee ermöglichen sollte.

Das Haus Wahnfried in Bayreuth, Wohnsitz Richard Wagners. Die Eingangsseite ist mit der Büste Ludwigs II. verziert (um 1890).

Auch das sollte im Juni 1886 dazu dienen, den König für geisteskrank zu erklären. Sein Stallmeister Richard Hornig sagte bei der Befragung von Personen aus des Königs Umgebung aus, »ein enormer Wunsch der Majestät sei gewesen, in einem von Pfauen gezogenen Wagen durch die Luft zu fliegen«. Nur ein Geistesgestörter könne solchen Ideen nachhängen, folgerte das selbst ernannte Untersuchungsgremium – offensichtlich ohne technisches Verständnis oder auch nur eine Ahnung von den Flugversuchen Lilienthals und dem Beginn der künftigen Luftfahrt.

König Ludwig II. und Richard Wagner, Deckfarbenzeichnung aus dem Jahr 1865

Doch mehr als die in manchen Augen absurden technischen Ideen des Königs, mehr als die kostbaren Geschenke, die Ludwig ausgewählten Männern einfacher Herkunft zukommen ließ, irritierte der Verdacht auf Homophilie Ludwigs Umgebung. Davon war öffentlich zwar noch nicht die Rede, aber wer den König mit der Behauptung seiner Geisteskrankheit stürzen wollte, konnte eine homosexuelle Neigung zur Stärkung dieser Behauptung nutzen. »Homosexualität wurde in der frühen sexualpathologischen Diskussion nicht nur als Krankheit begriffen, sondern als Erscheinung, die mit anderen Geisteskrankheiten in engem Wechselverhältnis steht« (Rainer Herrn in Katharina Sykoras Sammelband *Ein Bild von einem Mann. Ludwig II. von Bayern*).

Frühere fürstliche Generationen hatten Homosexuelle. Rudolf II. von Habsburg zum Beispiel, ein überaus kunstsinniger Herrscher (von 1576 bis 1612 Kaiser des Heiligen Römischen Reichs Deutscher Nation), war 16 Jahre mit einer Tochter Philipps II. von Spanien verlobt, heiratete aber nie. Nicht

Prinz Otto und Wilhelm
von Hessen mit
Ludwig II. im Atelier des
Fotografen und Erfinders
Joseph Albert

seine Homo- oder Bisexualität kostete ihn vorzeitig den Thron, sondern die immer geringere Bereitschaft, zu tun, was ein Kaiser tun sollte: regieren. Sein Bruder Matthias, Erzherzog von Österreich, übernahm das.

Ludwig erfüllte seine Regierungspflichten bis in seine letzten Lebenstage, bis zuletzt las er die wöchentlichen Berichte, die von Kurieren an seinen jeweiligen Aufenthaltsort gebracht wurden, und zeichnete sie ab. Im Bayerischen Staatsarchiv an der Ludwigstraße (nach seinem Großvater, nicht nach ihm genannt) in München sind sie in stabilen Kartons gelagert und einzusehen.

Ludwig hat viele Männerfreundschaften gepflegt, einige – wie mit Richard Wagner – trotz schwerer Zerwürfnisse auch über lange Zeit. Es gab auch einfache Menschen in seiner Umgebung, Diener, Stallmeister, Sekretäre, mit denen er freundschaftlich oder herzlich verkehrte. Emphatische Briefzeilen sind erhalten geblieben, von der Schweizreise mit dem Schauspieler Kainz bis zu dem Marstallfourier Karl Hesselschwerdt. Brieflich forderte der König Küsse an, wollte sich aber auch mit brieflichen Küssen zufriedengeben.

Ob der von Männerschönheit begeisterte König nun wirklich, wie ihm immer wieder unterstellt worden ist, mit schlichten Männern im Bett gelegen hat oder nicht – wertet es seine Person etwa ab? Er selbst litt jahrzehntelang unter den Drohungen der katholischen Kirche gegen den Vollzug »unreiner« Sexualität, von der Selbstbefriedigung bis zur Homophilie. Es gab viel Gerede – quer durchs Land – damals, in den letzten beiden Jahren des Königs. Und da waren die Botschafter und andere Diplomaten, die detaillierte Berichte über alle umlaufenden Gerüchte an ihre Auftraggeber zu schicken hatten, wie Graf Eulenburg nach Berlin, einer der Eifrigsten. An den Biertischen allerorten im Bayerischen war die Neigung des Königs zu gut gebauten jungen Männern ein nicht enden wollendes ergiebiges Thema.

Bewiesen wurde nichts. Bei den Befragungen des königlichen Personals zum Thema Geisteskrankheit sparten die Psychiater die umstrittenen Auskünfte betreffs sexueller Aktivitäten des Königs aus.

»Das heilige Feuer der hehren Liebe zur Kunst, welches in Ihnen flammt und diejenigen unwiderstehlich mit sich fortreißt, welche wirklich Sie zu hören und zu sehen verdienen, wird, wie könnte man daran zweifeln, triumphierend sich Bahn brechen, und an dieser heiligen Gewalt müssen die Ränke Ihrer Feinde zu Schanden werden.«
Ludwig II. an Joseph Kainz

38

1886: Finanzkrise des Königs – konnte Bismarck helfen?

Die Schuldenlast war erdrückend, der König wollte sich die Ausweglosigkeit nicht eingestehen und erhoffte sich letzte Hilfe von Bismarck – der stellte jedoch die Bedingung, Ludwig müsse aufs Weiterbauen seiner Schlösser verzichten.

Im Januar 1886 veranschlagte Minister Johann von Lutz die Schulden der königlichen Civilliste (nicht der Staatskasse!) und die zum Weiterbau der Schlösser benötigten Gelder auf 20 Millionen Mark! Er konfrontierte am 6. Januar Ludwig mit dieser Summe und er schlug ein radikales Sparprogramm und die Einstellung der Bautätigkeit vor. Kredite seien nirgends mehr zu bekommen, und an einen Vorschuss aus dem Staatshaushalt sei nicht zu denken. Diskussionen darüber im Landtag seien der Dynastie abträglich. Auch die Presse diskutierte schon das Schuldenthema. Der König war entrüstet über Minister und Presse, er gab die Ausweglosigkeit nicht zu.

Tatsächlich gab es Auswege, sie wurden dem König jedoch vorenthalten. Letzte Hilfe erhoffend, wandte er sich an seinen häufigen Briefpartner Otto von Bismarck, und zwar am 6. April. Dieser antwortete zehn Tage später, nachdem er »findige Finanzkreise« konsultiert hatte, die den Schuldenstand auf sechs Millionen Mark taxierten, er wolle die Schulden decken mit Anleihen gegen Sicherheit und mit Verzicht aufs Weiterbauen. Da dieser Verzicht für Ludwig nicht infrage kam, hielt Bismarck einzig eine Bewilligung durch den Landtag für eine Lösung. Bismarck nannte Ludwigs Bauten »Zierde des Landes« und war mit dieser Einschätzung der Kunstkritik um rund 100 Jahre voraus. Die bewährte Anhänglichkeit des bayerischen Volkes an sein Herrscherhaus, schrieb Bismarck, sei Grund zur Hoffnung auf die Bewilligung. Er bedauerte ausdrücklich, selbst nicht helfen zu können, rechnete noch Anleihen und Zinsen vor und erinnerte an ähnliche Vorgänge in England, die dort das Parlament gelöst habe.

Ludwigs Hoffnung nach diesem Brief, der den Ratschlägen bayerischer Minister widersprach, wurde alsbald zerschlagen, die befohlene Vorlage vor den Landtag von den Ministern unterbunden. Öffentliche Diskussionen würden zu schlimmsten Unruhen führen, gab das Gesamtministe-

Akten des Ministeriums der Finanzen, die Schuldentilgung und Schuldenaufnahme des Königs betreffend; Finanzminister Johannes Lutz veranschlagte die Schulden Ludwigs II. auf 20 Millionen Mark.

rium des Staates zu bedenken. Anspielungen auf mangelnde Sittlichkeit durch Anwesenheit einer Mehrzahl von Reitersoldaten folgten. Das waren höchste Alarmzeichen! Man wollte den König stürzen!

Der bayerische Botschafter bearbeitete Bismarck, den König nicht mehr moralisch zu unterstützen. Bismarck riet dem König daraufhin, eigene Mittel und Entschließungen zu finden. Er hielt Ludwig offenbar für härter und durchsetzungsfähiger. Später äußerte er in Gesprächen seine Meinung: Wenn Ludwig jetzt die Initiative ergriffen hätte, wäre das ein Beweis für seine geistige Gesundheit gewesen.

Es folgten Wochen voller Verzweiflung des Königs. Versuche, an Geld zu kommen – auf teils absurde Art –, wurden durch Bedienstete später als Krankheitszeichen an die Entmündiger weitergegeben. Als die Festnahmekommission schon in Neuschwanstein eingetroffen war, riet Bismarck dem König nochmals, nach München zu fahren und sich dem Volke zu zeigen. Ludwig tat nichts dergleichen.

König Ludwig II. sah seine finanzielle Situation als keineswegs aussichtslos und erhoffte sich Hilfe von Bismarck.

Gesprächspartner bezeugten später Bismarcks Trauer und Niedergeschlagenheit über den Tod des Königs, mit dem er sich eng verbunden gefühlt hatte. Über persönliche Beziehungen hinaus hatte der König die Politik Bismarcks ständig unterstützt. Der Kanzler war am Sturz des Königs weder beteiligt noch interessiert.

39 Welche Stärkung wurde für die Verhaftung des Königs eingenommen?

Die kommenden Aufgaben bedurften einer Stärkung, und so dinierte die Staatskommission, die Ludwig II. verhaften sollte, königlich, mit reichlich Bier und Champagner.

Nicht von seinem Sekretär, nicht von seinen Dienern sollte Ludwig seine noch geheim gehaltene Entmündigung erfahren. Bereits am Nachmittag des 9. Juni reiste eine Staatskommission nach Schwangau – in einem Sonderzug bis Oberndorf, von dort weiter in Kutschen nach Hohenschwangau. Prinz Luitpold, künftig Regent, hatte die Minister instruiert, dass »Seine Majestät der König von der Bestellung einer Regentschaft als der Erste im Lande und durch den Regenten selbst und die verantwortlichen Räte, nicht aber durch das Personal« erfahren sollte. Luitpold selbst reiste jedoch nicht mit, sondern schickte ein Handschreiben. Darin war viel von Ehrerbietung und von der »geheiligten Person des Monarchen« die Rede und dass bei einer »baldigen Genesung« die »unabweislichen Vorkehrungen« aufgehoben werden würden – obwohl das Gutachten von Gudden ja lebenslange Krankheit prognostizierte.

Zur Staatskommission zählten die Kuratoren Graf Törring-Jettenbach und Graf Holnstein, Geheimer Rat Rumpler als Protokollführer, Obermedizinalrat Gudden und sein Assistenzarzt Dr. Müller, Oberstleutnant Freiherr von Washington, der zum künftigen Hofkavalier des »Geisteskranken« bestimmt wurde, und an der Spitze der Kommission Freiherr von Crailsheim. Dazu begleiteten zwei Krankenpfleger die Expedition.

Abends um elf Uhr wurde den Herren noch ein festliches Souper geboten, man diskutierte, wie man dem geisteskranken, entmündigten König gegenübertreten solle. Die Nacht würde noch lang werden, also verspeiste man das siebengängige Menü, ohne Schläfrigkeit aufkommen zu lassen. Überliefert ist der Getränkebedarf: vierzig Maß Bier und zehn Flaschen Champagner.

Zwei Stunden nach der Ankunft, gegen ein Uhr, kam es zu einer unvorhergesehenen Begegnung: Graf Holnstein begab sich in die königlichen Stallungen, um die Pferde und Kutschen für die Rückreise in Augenschein zu nehmen. Er hatte nicht mit dem Leibkutscher Ludwigs gerechnet, Fritz Osterholzer, der die übliche nächtliche Ausfahrt des Königs nach Neuschwanstein vorbereitete. Holnstein verlangte, sofort wieder auszuspannen, der König werde eine andere Kutsche benutzen. Dessen Befehl gelte nicht mehr, fortan bestimme Seine Königliche Hoheit Prinz Luitpold.

Osterholzer folgte der Anweisung, machte sich aber so rasch wie möglich davon und lief hinauf zum Schloss Neuschwanstein, auf einem Waldweg, um nicht etwa aufgehalten zu werden. Der König war gerade beim Ankleiden für die Ausfahrt. Auf eine Flucht ließ er sich nicht ein – gegen den Rat seines Personals –, jedoch wurden die Gendarmerie aus Füssen und die Dorffeuerwehrleute zur Verstärkung der Schlosswache gerufen.

Zugleich bereitete die Kommission die Auffahrt nach Neuschwanstein vor, wo sie bereits an der Zugbrücke von Gendarmen mit aufgepflanztem Bajonett erwartet wurden. Regen fiel, der Nachthimmel war dicht bewölkt, ihre Beglaubigungsschreiben nutzten den späten Gästen nichts – die Regierung hatte ja gezögert, die Regentschaft Prinz Luitpolds sogleich landesweit bekannt zu machen.

Also Rückkehr zum Schloss Hohenschwangau, es begann zu tagen. Es sammelte sich eine Volksmenge, sie wollte ihren König verteidigen und glaubte gar nichts, als die Herren aus München sagten, der König sei geisteskrank und regiere nicht mehr. Das Gedränge des Landvolks, bewaffnet

Ludwig II. liebte nächtliche Schlittenfahrten – der Holzstich zeigt eine solche in der Nähe von Hohenschwangau –, und auch in der Nacht seiner Entmündigung wurde bereits alles dafür vorbereitet. Doch Graf Holnstein verlangte, wieder auszuspannen.

mit Äxten und schweren Bergstöcken, wurde dichter, auch die Gendarmen aus Füssen waren eingetroffen. Wachtmeister Ferdinand Poppeler bekam im Schloss Neuschwanstein vom König Anweisung, das Komitee zu verhaften. Er schrieb einen Haftbefehl, und der König unterzeichnete. Zu Fuß mussten die Herren hinauf, in der ersten Gruppe Crailsheim, Törring-Jettenbach und Holnstein, die übrigen folgten in einer zweiten Gruppe. Im Torbau wurden sie in den Zimmern der Dienerschaft untergebracht.

Am 11. Juni 1886 wird der bayerische König – hier ein spätes Porträt – entmündigt, entthront und auf Burg Neuschwanstein festgesetzt.

Es war die letzte Aktion, die Ludwig befehlen konnte. Schon seinem Befehl, die Kommissionsmitglieder zu bestrafen, folgten die Gendarmen nicht mehr. Die Regierungsmaschinerie arbeitete, informierte den Bezirksamtmann von Füssen, übermittelte die Regentschaftsresolution und sorgte dafür, dass der Telegrammverkehr unterbunden wurde. Die Gefangenen durften ihre ungewohnt schmalen Zimmer ohne Aufsehen verlassen, konnten unbehelligt nach Hohenschwangau hinabwandern – und von dort nach München zurückkehren.

Für den entthronten König waren die Aussichten düster, er brachte nicht die Kraft auf, nach München oder ins Ausland nach Tirol zu reisen, so dringlich ihm auch dazu geraten wurde. Noch am selben Tag, am 11. Juni, traf ein Polizeitrupp aus München ein, der den König auf seiner Burg Neuschwanstein praktisch inhaftierte. Aufgabe der Gendarmen war jetzt auch, das Landvolk an etwaigen Versuchen zu hindern, dem König zur Flucht zu verhelfen.

In München hatte bereits in der Nacht vom 11. auf den 12. Juni der Ministerrat über den künftigen Zwangsaufenthalt des Exkönigs entschieden. Weder in Linderhof, wie noch tags zuvor geplant, noch in den Schlössern Hohenschwangau oder Neuschwanstein sollte sein Aufenthaltsort sein. Denn die Herren in München sahen die Landbevölkerung und ihre möglichen Befreiungsaktionen überall als Risiko. Darum wurde Schloss Berg am Starnberger See zum Daueraufenthalt gewählt.

Beim zweiten Anlauf zur Festnahme des Königs war kein Minister mit von der Partie. Wegen der »furchtbaren Aufregung der Bevölkerung« (auch in Linderhof) ließ man nur Gudden, seinen Assistenzarzt Dr. Müller und Pflegepersonal sowie einen Gendarmeriehauptmann am 11. Juni nach Neuschwanstein reisen. Zuvor war noch eine neue Gendarmerietruppe in Hohenschwangau eingetroffen und hatte im Auftrag des Prinzregenten und der Regierung Neuschwanstein besetzt. Reaktion des Königs, der sich plötzlich als Gefangener sah: »Dass man mir die Krone (Regierung) nimmt, das ertrage ich, aber dass man mich für irrsinnig erklärt hat, das überlebe ich nicht.« (Überliefert von seinem Kammerdiener Alfred Weber.) Ludwig beauftragte mehrere Lakaien, ihm Zyankali zu besorgen. Und er wollte den Turm Luginsland besteigen, um sich hinabzustürzen. Sein Lakai Mayr suchte nach dem großen Schlüssel, der war aber nicht auffindbar.

Mitten in der Nacht zum 12. Juni betraten die Ärzte und die Krankenwärter die Burg Neuschwanstein …

40 Woran scheiterten die Freunde des Königs?

Sie scheiterten zuvorderst an der Unfähigkeit des Königs, einen Entschluss zu fassen – etwa, sofort nach München aufzubrechen –, an dessen fehlender Willenskraft, an seiner Mutlosigkeit.

Es waren Ludwigs letzte freie Stunden. Die Kommission, die ihn auf Neuschwanstein hatte verhaften wollen, war selbst eingesperrt worden. Doch schon am nächsten Morgen wurden die Türen geöffnet, die Herren waren nun auf der Rückfahrt nach München.

Der König hatte seinen Flügeladjutanten Graf Alfred von Dürckheim per Telegramm aus dem nahen Städtchen Steingaden zu sich gerufen, hatte ihn begrüßt und informiert: »Helfen Sie mir aus meiner Verlegenheit … Man kann mich doch nicht als einen Wahnsinnigen behandeln? Das Ganze ist nur eine Geldfrage. Wenn mir jemand hier auf den Tisch ein paar Millionen Mark legte, wollte ich sehen, ob man mich für wahnsinnig halten würde.«

Der Flügeladjutant des Königs, Graf Alfred von Dürckheim, dessen Rat, sich nach Tirol abzusetzen, Ludwig II. ignorierte

Dürckheim, seinem König total ergeben, riet zum sofortigen Aufbruch nach München: Der König solle sich dem Volke zeigen, alles würde ihm zujubeln. Oder er solle sich nach Tirol begeben, binnen einer Stunde sei er auf österreichischem Territorium. Andernfalls würde die Regierung in München ihn sehr bald in seiner Freiheit einschränken. Der König verschloss sich allen Vorschlägen, fühlte sich müde und ließ nur einige Telegramme im österreichischen Grenzort Reutte absenden. Militär aus Kempten solle ihm zu Hilfe kommen … Auch ein Telegramm mit Hilferuf an den Reichskanzler Bismarck ließ er Dürckheim absenden.

Jahre später erhielt der Würzburger Redakteur Anton Memminger von Bismarck selbst Auskunft über den Telegrammwechsel: »… ich wurde von dem Stande der Angelegenheiten unterrichtet und sozusagen meine Hilfe für den König angerufen. Ich telegraphierte zurück an den Grafen nach Tirol: Seine Majestät soll nach München fahren, sich seinem Volke zeigen und selbst sein Interesse vor dem versammelten Landtag vertreten. Ich rechnete so: Entweder ist der König gesund, dann befolgt er meinen Rat. Oder er ist wirklich verrückt, dann wird er seine Scheu vor der Öffentlichkeit nicht ablegen. Der König ging nicht nach München, er kam zu keinem Entschluss, er hatte die geistige Kraft nicht mehr und ließ das Verhängnis über sich hereinbrechen.«

Schloss Berg am Starnberger See, letzter Wohnsitz des internierten Königs

Es war die kühle Stimme der Diplomatie, mit der Bismarck auf den Hilferuf reagierte, auch wenn er zugleich vom »Unglücksmonat 1886« sprach. Mag sein, dass der Reichskanzler tatsächlich keine Möglichkeit sah, helfend einzugreifen. Man darf auch nicht vergessen: Das Zeitalter der länderweiten Telefonverbindungen steckte noch in den Anfängen, er konnte nicht am selben Tag direkt mit Ludwig sprechen. Dass seine jahrzehntelange Sympathie für den König am Ende begrenzt war, deutet Bismarcks Einschätzung an: »wirklich verrückt, wenn Scheu vor der Öffentlichkeit nicht überwunden«. So schlicht urteilte nicht einmal das Gutachten Guddens und der anderen beigezogenen Psychiater.

Anders lautete Dürckheims Bericht, den der preußische Gesandtschaftssekretär Graf Eulenburg nach des Königs »Symptomen des Wahnsinns« befragte: »Keines, nur seine totale Entschlusslosigkeit fiel mir auf. Er hatte meine Hilfe und meinen Rat verlangt, ich schlug ihm das Einfachste und das durchaus Mögliche vor – aber er war nicht imstande, darauf einzugehen. Sonst war er absolut logisch in seinen Worten.«

Ludwig II. schreckte immer wieder vor einem plötzlichen eigenen Versagen zurück, und das umso mehr vor einem großen Publikum. Das späte 19. Jahrhundert glänzte mit seinem technischen Fortschritt, stand aber noch in den Anfängen therapeutischer Möglichkeiten. Ludwig hätte einen Psychotherapeuten schon als Heranwachsender gebraucht, spätestens nach dem Tod des Vaters – als plötzlich gekrönter König.

Dürckheims weitere militärische Laufbahn war trotz seiner Ergebenheit Ludwig II. gegenüber glänzend. Von 1891 an war er Bataillons-Kommandeur, zudem Direktor der königlichen Kriegsakademie; ab 1897 war er Kommandeur des Bayerischen Infanterie-Leib-Regiments, ehe Militärposten in Regensburg und Würzburg folgten. Dürckheim verstarb 1912 in Locarno.

»Helfen Sie mir aus meiner Verlegenheit ... Man kann mich doch nicht als einen Wahnsinnigen behandeln? Das Ganze ist nur eine Geldfrage. Wenn mir jemand hier auf den Tisch ein paar Millionen Mark legte, wollte ich sehen, ob man mich für wahnsinnig halten würde.«
Ludwig II. zu Graf Alfred von Dürckheim

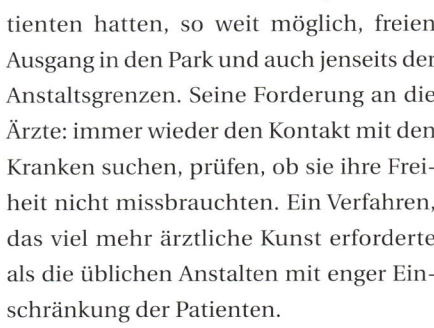

41 Schwerer Regelverstoß des berühmten Psychiaters – warum?

Bernhard von Gudden war ein erfolgreicher und renommierter Psychiater, der klare Forderungen an die Ärzte stellte – und diese im Fall des Königs brach.

Obermedizinalrat Bernhard von Gudden verfasste das Gutachten über den Geisteszustand des Königs – basierend auf Zeugenaussagen, nicht auf einer augenscheinlichen Untersuchung.

Er war ein tüchtiger, schon in jungen Jahren erfolgreicher Mann seines Fachs: Professor Dr. Bernhard von Gudden (1824–1886), in Kleve am Niederrhein geboren, Medizinstudent in Bonn, Halle und Berlin, mit erster Anstellung als 25-Jähriger in der Irrenanstalt Siegburg bei Köln. Ab 1852 war er als Hilfsarzt in der badischen Irrenanstalt Illenau tätig, in Werneck bei Würzburg leitete er ab 1855 als Direktor die königlich Bayerische Kreisirrenanstalt – mit einem damals fast revolutionär neuen Konzept. Die Patienten hatten, so weit möglich, freien Ausgang in den Park und auch jenseits der Anstaltsgrenzen. Seine Forderung an die Ärzte: immer wieder den Kontakt mit den Kranken suchen, prüfen, ob sie ihre Freiheit nicht missbrauchten. Ein Verfahren, das viel mehr ärztliche Kunst erforderte als die üblichen Anstalten mit enger Einschränkung der Patienten.

Ein anderes Prinzip, das Gudden einführte: die immer zu wiederholende genaue Beobachtung des Patienten, die sichere Tatsachen ergibt! Wenn Kollegen von ihren Theorien und Versuchen sprachen, winkte er ab – er hatte nichts übrig für fremde Meinungen. Er war auch für seine Strenge bekannt, Beurlaubungen gab es nur, wenn der Betreffende dafür freie Nachmittage hingab. Guddens Ruf verbreitete sich über Deutschland hinaus, von 1869 bis 1872 war er in Zürich tätig, dann zog er nach München. Obwohl dort die Medizinische Fakultät der Ludwig-Maximilians-Universität für einen anderen Kollegen votiert hatte, setzten das

Kultusministerium und Minister Johann Freiherr von Lutz die Berufung Bernhard von Guddens durch. Neben seiner Professorentätigkeit an der Universität war er zugleich Direktor der Oberbayerischen Kreisirrenanstalt in München; 1875 wurde er mit dem Verdienstorden der Bayerischen Krone ausgezeichnet und somit in den persönlichen Adelsstand erhoben.

Wie erklärt sich nach alledem die Katastrophe des Königtodes? Gudden hatte bereits seit 1874 die Oberaufsicht über die Pflege Prinz Ottos, Ludwigs jüngeren Bruders. Es gab in München auch weiterhin kritische Stimmen bezüglich der unbedingten Kompetenz Guddens. Der *Bayerische Landbote* teilte noch mehr mit: »… Übrigens werden uns jüngst Äußerungen Eingeweihter referiert, wonach dieser Mann mit einem der Herren Minister in so dicker Freundschaft steht, dass trotz allem, was wir ihm vorgeworfen haben, ohne dass man uns Lügen strafen konnte, Bayern nicht von ihm befreit wird, solange das gegenwärtige Ministerium besteht. Sehr erbauliche Zustände!«

Die standen dem Königreich erst noch bevor – im Jahr 1886. Minister Johannes Freiherr von Lutz drängte, konnte dann dem Landtag über ein Gespräch am 23. März mit Gudden berichten. Ergebnis im Kern: Gudden hat sich bereitgefunden, ein schriftliches Gutachten über den Geisteszustand des Königs zu erarbeiten – lediglich aufgrund von Zeugenaussagen und ohne die persönliche Begutachtung des Patienten.

Der hochdekorierte Psychiater verstieß massiv gegen die selbst erarbeitete Grundregel, nur aufgrund eigenen Augenscheins als Arzt tätig zu werden. Und er war sogar bereit, Verantwortung für eine Entmündigung und eine strikte Freiheitsberaubung und Bewachung des Königs zu übernehmen. In Werneck war es seinen Patienten besser ergangen als nun Bayerns König.

Guddens Zusage lässt gewichtigere Gründe vermuten als nur seine freundschaftlichen Gefühle für den Minister. Diese Gründe sind unseres Wissens bis heute unbekannt. Letztlich haben sie nicht allein den König, sondern auch ihn das Leben gekostet.

Sein Grab findet man auf Münchens Ostfriedhof, gleich links vom Eingang an der Tegernseer Landstraße. Nüchtern vermerkt der Stein des Familiengrabs: »Bernhard von Gudden/Kgl. Obermedizinalrat u. Prof. d. Universität, Direktor d. oberbayerischen Kreisirrenanstalt München«. An Buchstaben hat man gespart. Um Geld genug ging es bei seinem letzten pseudoärztlichen Patientengutachten.

> »Übrigens werden uns jüngst Äußerungen Eingeweihter referiert, wonach dieser Mann mit einem der Herren Minister in so dicker Freundschaft steht, dass trotz allem, was wir ihm vorgeworfen haben, ohne dass man uns Lügen strafen konnte, Bayern nicht von ihm befreit wird, solange das gegenwärtige Ministerium besteht. Sehr erbauliche Zustände!«
> *Der Bayerische Landbote* über Bernhard von Gudden

42 Sollte der König auf Lebenszeit gefangen gehalten werden?

Der König wurde auf Schloss Berg festgesetzt, ein Stacheldrahtzaun um den Park und Gitter an den Fenstern sollten Fluchtversuche vereiteln.

Der ehemalige König von Bayern, festgesetzt in Schloss Berg: Türen und Fenster konnten nicht geöffnet werden, der König konnte rund um die Uhr beobachtet werden, ein Stacheldrahtzaun sollte den Park absichern.

LUDWIG II. KÖNIG VON BAYERN.

Protokoll eines Lebensendes: Nach schlafloser Nacht machte man sich auf Schloss Neuschwanstein zur Abreise nach Berg bereit. Abschied des Königs: »Dass man mir die Krone nimmt, könnte ich verschmerzen, aber dass man mich für wahnsinnig erklärt hat, überlebe ich nicht. Ich könnte es nicht ertragen, dass es mir ergeht wie meinem Bruder Otto, dem jeder Wärter befehlen darf und dem man mit Fäusten droht, wenn er nicht folgen will.« So Ludwig II. von Bayern.

Überliefert ist auch sein Abschiedswort an den Diener Sticherl: »Sticherl, leben Sie wohl, bewahren Sie diese Räume als Heiligtum, lassen Sie es nicht profanieren von Neugierigen, denn ich habe darin die bittersten Stunden meines Lebens durchgelebt. Ich komme nicht mehr hierher.«

Wie von der Bayerischen Schlösser- und Seenverwaltung gemeldet, zählt man an die 1,3 Millionen Menschen, die sich alljährlich durch dieses Bauwerk königlicher Fantasie führen lassen. Dass sein Werk diese Faszination bewirkt, wäre dem König dann vielleicht doch als eine Bestätigung, ja Rechtfertigung seiner Lebensleistung willkommen gewesen.

Etwa acht Stunden dauerte die Kutschfahrt nach Berg, der König allein in der seinen, gefolgt von zwei anderen mit Gudden, Ärzten und Pflegern und dem Gendarmeriehauptmann Horn. Ein Stallbediensteter ritt neben der Kutsche des Königs, deren Türen der König von innen nicht öffnen konnte. Auch konnte Ludwig nicht die Fußfesseln übersehen, von denen die Wärter notfalls Gebrauch machen würden. Eine Mahlzeit oder Erfrischung für ihn gab es nicht. Erst beim dritten Pferdewechsel, in Seeshaupt, ließ er

»Sticherl, leben Sie wohl, bewahren Sie diese Räume als Heiligtum, lassen Sie es nicht profanieren von Neugierigen, denn ich habe darin die bittersten Stunden meines Lebens durchgelebt. Ich komme nicht mehr hierher.«
Ludwig II. zu seinem Diener Sticherl

sich von der Wirtin an der Relais-Station ein Glas Wasser bringen.

In Berg am Pfingstsamstag zur Mittagsstunde angekommen, führte man den Entmündigten in zwei seiner Zimmer im Oberstock (Wohn- und Schlafzimmer). Nach dem Beschluss, den Patienten wegen befürchteter Aufstände des Landvolks nicht in Schloss Linderhof, sondern nahe bei München unterzubringen, hatte tags zuvor in aller Eile der Psychiater Professor Hubert Grashey, Schwiegersohn von Gudden, für die entsprechenden Maßnahmen gesorgt. Türen und Fenster konnten von Ludwig II. nicht geöffnet werden, durch kleine Bohrungen an den Türen konnte er jederzeit beobachtet werden. Beim folgenden Mittagessen vermisste er die üblichen Messer – wie üblich für Geisteskranke mit Suizidrisiko hatte er mit einem Obstmesser zu speisen.

Um drei Uhr ging der nach schlafloser Nacht und langer Kutschfahrt müde Exkönig zu Bett. Seinen Wunsch, um Mitternacht geweckt zu werden, verweigerte der Psychiater Dr. Franz Carl Müller dem Nachtmenschen: Er solle die Nacht durchschlafen, und der Tag solle zum Tag und die Nacht zur Nacht gemacht werden.

Unterdessen trafen sich im Park des nah am See erbauten Schlosses eine Delegation aus München und die Professoren Gudden und Grashey. Aus Münchner Residenz- und Regierungskreisen waren die Grafen Holnstein und Törring-Jettenbach, der königliche Oberstkämmerer Freiherr von Malsen und Baron Washington angereist – per Bahn.

Thema des Treffens: Wie war der Park noch besser gegen Fluchtversuche zu sichern? Zum Seeufer hin wurde ein zwei Meter hoher Stacheldrahtzaun diskutiert, der die Aussicht auf den See besser als ein Bretterzaun erhalten würde. Die Fenster des Geisteskranken sollten mit eisernen Gittern ausgestattet werden.

Ludwig II. auf dem Söller des Thronsaals von Schloss Neuschwanstein. Von seinem Diener verabschiedete er sich mit den Worten: »Ich komme nicht mehr hierher.«

43 War Ludwig ein geisteskranker König?

Die Aussagen von Bernhard von Gudden sind höchst widersprüchlich; Ludwig II. trägt Sorge um sein Leben, was sich auf tragische Weise bestätigen sollte.

Am Sonntagmorgen scheint ein ausgeschlafener Patient die Psychiater überrascht zu haben. Gudden hatte ein Programm mit regelmäßigen Spaziergängen und Beschäftigungen. Er hielt Ludwig wohl für einen Müßiggänger und Träumer und wusste zu wenig von seiner intensiven Bauherren-Aktivität. Sowohl Neuschwanstein wie Herrenchiemsee waren noch im Bau. Nach Guddens wohl mit Minister Lutz abgestimmter Vorstellung sollte der Bauherr lebenslang eingeschlossen bleiben. Als Guddens Schwiegersohn, der Psychiater Grashey, am Sonntag erklärte, er halte den Zustand Seiner Majestät nicht für rettungslos, reagierte Gudden, so ist überliefert, höchst aufgebracht.

Tatsächlich war der Patient zu langen Unterredungen mit beiden Psychiatern bereit und spazierte mit Gudden auch gesprächig durch den Park, gefolgt von einem Pfleger. Worüber wurde gesprochen? Ludwig II. habe nur ein Thema, teilte Gudden nach dem Spaziergang unter trübem, regnerischem Himmel mit: Er fürchte einen Anschlag auf sein Leben. Im Übrigen habe er sich aber »wundervoll in die neue Lage gefügt«. So sicher fühlte sich Gudden bei dieser Diagnose, dass er schon mittags ankündigte, er werde gegen Abend nochmals einen Parkspaziergang unternehmen, allein mit dem König, ohne Begleiter.

Diese Ankündigung hat unter Ludwig-Forschern einen Verdacht aufgebracht. War Bernhard von Gudden etwa gar nicht so blauäugig, war er etwa eingeweiht in ein Komplott zur Ermordung des Königs, bei dem jeder Zeuge einer zu viel war?

Der König seinerseits bewies Haltung. Nachmittags konnte er –

Die Leichen des Königs und des Psychiaters Bernhard von Gudden werden aus dem Starnberger See geborgen – bis heute sind die Todesumstände ungeklärt.

so viel war ihm gestattet – einen ihm wohl länger bekannten Hofbeamten namens Friedrich Zander zu einem Gespräch rufen. Mit blitzenden Augen, energisch und lebhaft wie in seinen besten Tagen sei ihm der König begegnet, berichtete Zander nach der Unterredung. Ludwig beschwerte sich, dass er für tobsüchtig gehalten werde. Wie viele Gendarmen im Schloss seien, fragte er. Und: Würden sie auch auf ihn schießen? Und als er auf seine wiederholte Frage, wie lange seine Gefangenschaft dauern solle, nur eine ausweichende Antwort erhielt, scheute er sich nicht, Klartext zu sprechen: »Mein Onkel Luitpold wird sich an das Regieren gewöhnen und so viel Gefallen daran finden, dass er mich nie wieder herauslässt.«

Die Trauer über das Ende dieses widersprüchlichen Tages ist in vielen Berichten von Zeugen, wie später auch in den Schilderungen von Historikern, zu spüren. Total widersprüchlich formulierte Gudden das Telegramm, das er kurz vor dem angekündigten zweiten Spaziergang an Minister Lutz schickte: »Hier geht es bis jetzt wunderbar gut. Persönliche Untersuchung hat übrigens das schriftliche Gutachten nur bestätigt.« Überzeugend stellt Ludwig Hüttl in seiner großen Ludwig-II.-Monografie dagegen Guddens Gutachten dar, das doch einen tobsüchtigen Geisteskranken schildert, der seine Diener schlage, sich betrinke, ständig unkontrollierte Wutanfälle habe, an Halluzinationen leide, Schritte von Personen höre, die gar nicht existierten, und vor allem nicht fähig zu logischem Denken sei.

Der letzte Spaziergang: Bernhard von Gudden und Ludwig II. im Park von Schloss Berg am 13. Juni 1886

Gegen halb sieben an diesem Pfingstsonntagabend verließen der König und Gudden das Schloss. Wenig später waren beide tot, man fand ihre Leichen im See. Vergeblich versuchte Dr. Müller, sie zu reanimieren, um Mitternacht wurden sie für tot erklärt.

Was weiter bekannt ist über diese kühle Regennacht am und auf dem Starnberger See: Schrecken im Schloss, dass die Spaziergänger nicht zurückkehrten, die hektische Suche der Gendarmen und des Schlosspersonals mit Fackeln und Lampen, anfangs nur auf festem Boden, um kein Aufsehen zu erregen. Am Mitteltor des Parks eine Wagenspur – Entführung, Flucht oder Gewalttat? Erst gegen zehn Uhr dann das Auffinden von Überrock samt Leibrock des Königs im Wasser, sehr nah dem Ufer des hier sehr seichten Sees. Auch sein Regenschirm und sein Hut wurden geborgen. Dann – 20 Schritt weiter – Guddens Hut und Schirm.

Die Suche wurde fortgesetzt mit dem Boot des nun hastig geweckten Fischers Jakob Lidl, elf Uhr war es schon. Leonhard Huber, der Schlossverwalter, sprang mit einem Schrei aus dem Boot ins kalte Nass, er hatte die beiden toten Spaziergänger nah beieinander entdeckt, vom Seewasser noch getragen. Hat Dr. Müller Gudden ins Boot gezogen, hat Huber beide Leichen zum Ufer gezogen? Nicht einmal das war am nächsten Morgen klar. Und ihre Fußspuren am Grund des Sees? Schon hieß es, mit Schuhen an einem langen Stock habe ein Unbekannter die Spuren verfälscht.

Die Fragen brannten, alle möglichen Antworten waren schlimme, traurige, ungeheuerliche Antworten: Unfall des Königs beim Fluchtversuch, Suizid oder Mord? Wollte Gudden den Flüchtenden aufhalten, kam er dabei zu Tode? Erwartete der König Fluchthelfer, ertrank aber bei einem plötzlichen Schwächeanfall im kalten Wasser, zu kalt, um darin eine längere Strecke zu schwimmen? Hatte etwa ein Wittelsbacher beide ermorden lassen? Die Szene war so abenteuerlich, die aufgerührten Emotionen im Volk so gewaltig über Jahrzehnte hin, dass immer neue Sachkenner – und solche, die es sein wollten – neue Beweise zu neuen Theorien ausbreiteten.

Letztlich haben diese Beweise alle eines gemeinsam: Sie sind selbst nicht beweisbar. An dieser Stelle folgt dann meist die Behauptung: Aber ja, wenn der Sarkophag in der Michaelskirche geöffnet und die sterblichen Reste des Königs noch einmal untersucht würden, 125 Jahre oder länger nach der Totenschau – ja, dann hätten wir den Beweis für unseren Beweis!

Abschrift

Aufgegeben Berg 13. 11 Uhr 5 M. N. Abgefert. 14. 12 Uhr 10 M. N.

Telegramm.

Oberst Freyschlag Palais Luitpold München.

S. Majestät und Obermedizinalrath von Gudden haben wir im See gefunden beide gaben schwache Lebenszeichen. Dr Müller macht künstliche Einathmungen.

Washington.

Berg. 14. 12 Uhr 30. N. 14. 12. 40. N.

Minister von Lutz Excellenz München.

Nach Aussage des Dr Müller mit dem Schlag 12 Uhr der Tod bei S. Majestät eingetreten sowie auch bei Medicinalrath Gudden.

Baron Washington.

Berg. 14 12 Uhr 30. 14. 12. 40. N.

Excellenz Frh. v. Crailsheim München.

Nach Aussage des Dr Müller mit dem Schlag 12 Uhr der Tod bei S. Majestät eingetreten, sowie auch bei Medicinalrath Gudden.

Baron Washington.

Berg. 14. 3. 10. N. 14. 3. 35. N.

Seiner Excellenz Baron Crailsheim München.

Das grosse Unglück wird wahrscheinlich 6 Minuten vor 7 Uhr stattgefunden haben; die Uhr Seiner Majestät zeigt Wasser

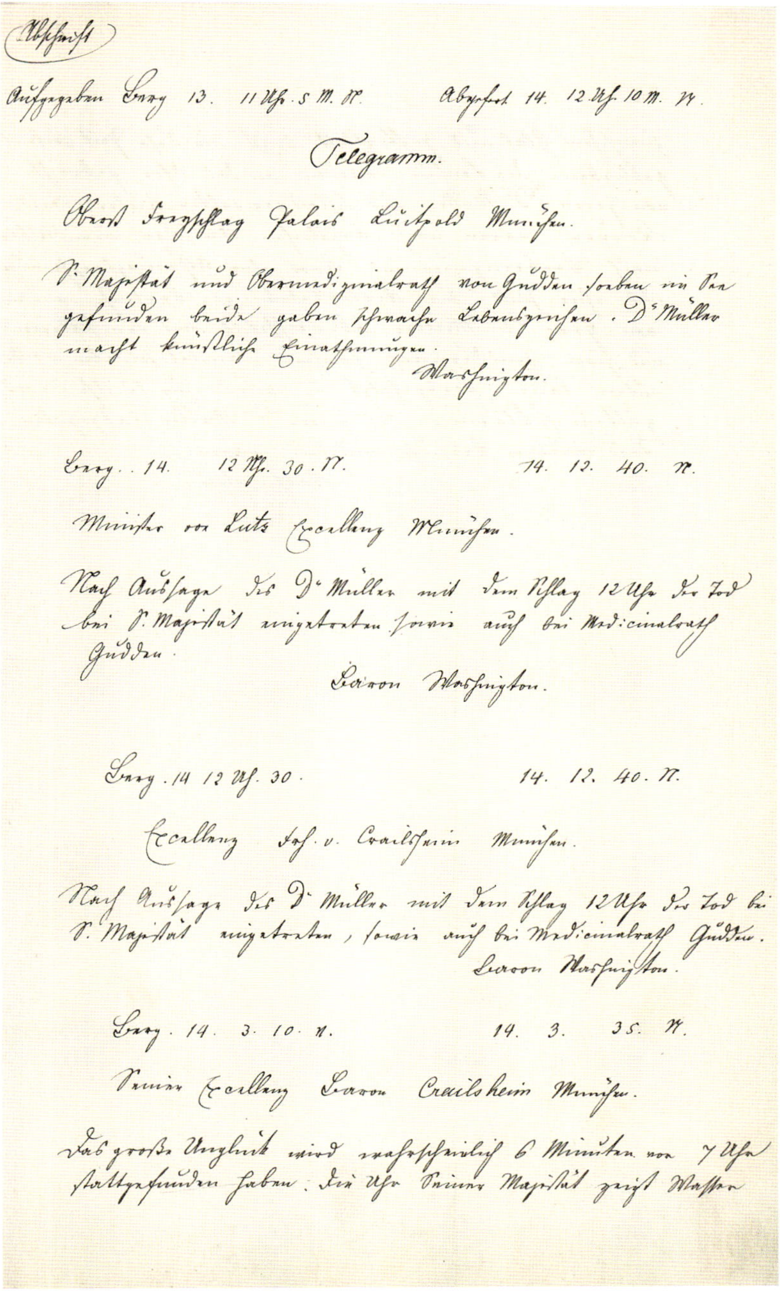

Das Telegramm, das noch in der Todesnacht versandt wurde (einzusehen im Hauptstaatsarchiv München)

Hochverrat? Wenn sie vor den Richter gekommen wären ...

Ziel war nicht die vollständige Genesung des Königs, sondern seine dauerhafte Internierung und Entmündigung – was bei einem ordentlichen Prozess eine Verurteilung wegen Hochverrat hätte nach sich ziehen müssen.

Hätte ein hohes Gericht die Personen belangt, die den König auf Schloss Hohenschwangau als Geisteskranken arretiert und auf Schloss Berg eingesperrt hatten – sie wären möglicherweise alle als Hochverräter verurteilt und bestraft worden.

Ein wortmächtiger Politiker und Anwalt ist der bayerische Bundestagsabgeordnete Dr. Peter Gauweiler, allemal bereit, sich für eine gerechte Sache zu engagieren. In der umfänglichen, im Jahr 2006 erschienenen Monografie über Bernhard von Gudden von Hanns Hippius und Reinhard Steinberg schrieb Peter Gauweiler ein Kapitel: »Bernhard von Gudden und die Entmündigung und Internierung König Ludwigs des Zweiten aus juristischer Sicht« (2007). Es folgte »König Ludwig II. von Bayern als Lehrstück für Rechtsanwender und Psychiater« (2007) in: *Partner im Gespräch,* Schriftenreihe des Evangelischen Siedlungswerkes in Deutschland e. V., Band 80.

Exakt eine Woche vor des Königs Tod, am 7. Juni 1886, fand eine Ministerratssitzung statt – mit Beschlüssen, die für Ludwig desaströs waren. Das psychiatrische Gutachten war noch nicht unterschrieben, die Minister waren sich jedoch offensichtlich ihrer Sache sehr sicher. Finanzminister Emil von Riedel gab zu Protokoll, »… dass der Schwerpunkt aller Maßregeln in einer sorgfältigen ärztlichen Internierung liegen müsse. Hier dürfe keine Lücke gelassen werden. Sei die ärztliche Einwirkung vollständig, dann könne von einer Belastung der k. Kabinettskasse mit neuen Verdinglichkeiten überhaupt nicht mehr die Rede sein.«

Das heißt Klartext sprechen! Zielvorstellung waren weniger eine erfolgreiche Behandlung und ein günstiger Verlauf der dem König angehängten Geisteskrankheit als vielmehr seine gefängnisähnliche Internierung. Diese sollte jeden vielleicht noch möglichen Zugriff des Königs auf seine Geldmittel beziehungsweise seine Verständigung mit Bankhäusern ausschließen.

Aus Peter Gauweilers Text: »Wenn Gudden und die königlichen Minister von einer steigenden Suizidalität (= Selbsttötungsabsicht) wussten, sie ihn tatsächlich auch für geistesgestört hielten und ihn im Wissen dieser Umstände so rücksichtslos verfolgten, wie sie es getan haben, um ihn ›lebendig zu begraben‹ – wie Ludwig es sehen musste –, war der Freitod dieses Suizidenten nicht mehr ›frei‹. ... Wer einen anderen, der infolge einer endogenen Psychose (anlagebedingt entstehende seelische Erkrankung resp. Geisteskrankheit) selbstmordgefährdet ist, durch die Ermöglichung der Tat in den Tod treibt, wird, wenn ihm die Krankheit des potenziellen Suizidenten bekannt ist, wegen Totschlags zur Verantwortung gezogen.«

In Gauweilers »Lehrstück für Rechtsanwender und Psychiater« steht noch ein anderer Satz, der die Festnahme- und Verwahraktion des Ministeriums und des/der Psychiater auch ohne eine Selbsttötung des Patienten als schweres Verbrechen einschätzt, nämlich als Hochverrat.

Zumindest hätte wohl das bayerische Parlament befragt werden müssen. Das befand sich jedoch in den Ferien, und die Königsverhafter hatten es plötzlich sehr eilig. So hatte man Schloss Linderhof weitab von München als günstigsten Verwahrort für den König vorgesehen. Nach der überraschend hitzigen Begegnung mit dem bayerischen Landvolk beim ersten Festnahmeversuch in der Burg Neuschwanstein wurde der Plan flugs geändert.

Schloss Berg schien nun doch günstiger, besser abschirmbar als der Park um Schloss Linderhof. Eilends mussten erst einmal Fenster und Türen in den für Ludwig bestimmten beiden Räumen gesichert werden. Das Stimmungsbarometer der Minister wie der Psychiater schwankte heftig – noch heftiger, als die Leichen des Königs und Guddens im Starnberger See gefunden wurden. Mit Jura kannte sich jeder von ihnen mehr oder minder aus. Was, wenn nun Anklage erhoben würde?

Gedächtnisblatt auf den König mit trauernder Muse, Holzstich aus dem Jahr 1886

45 Der Prinzregent – ohne Fehl und Tadel?

Luitpold erledigte seine Aufgaben mit Sorgfalt, zog keinerlei Nutzen aus dem Tod Ludwig II., war aber gegen den Unmut des Volkes – und gegen die Schmähungen der Kaiserin Elisabeth – machtlos.

Nach Ludwigs Entmündigung und Entthronung am 10. Juni 1886 fiel seinem 1821 geborenen Onkel Luitpold als dem ältesten Mitglied der Königsfamilie sozusagen automatisch die Regentschaft zu, denn Ludwigs Bruder Otto war hochgradig geisteskrank und zur Regierung unfähig. Drei Tage später war Ludwig tot. Dem Prinzregenten war klar, dass man ihm die Verantwortung für den Tod anlasten würde. Das Volk war zornig, und Luitpold verließ seinen Palast erst einmal nicht.

Er hatte schon zu Ludwigs Lebzeiten mit Einverständnis seines Neffen viele Repräsentationsaufgaben wahrgenommen, da der König sich immer seltener in der Öffentlichkeit zeigte. So überreichte Prinz Luitpold nach dem 1870er-Krieg dem preußischen König in Versailles den von Ludwig geschriebenen »Kaiserbrief«.

Zu Prinz Luitpold gab es keine Alternative für das Verweseramt. Statt eines bequemen Seniorendaseins bekam er nun etliche Aufgaben dazu. Große materielle Vorteile zog er persönlich aus dem Tod seines Neffen nicht. Er nahm, juristisch korrekt, die finanziellen Ressourcen und Ehrenrechte eines Königs nicht in Anspruch. Doch der Unmut weiter Kreise ließ sich nicht übersehen. Sogar Kaiserin Elisabeth erging sich in unverblümten Schmähversen über ihn. Jedoch – der Prinzregent trat weiter so unscheinbar auf wie bisher, unbeirrt, pflichtbewusst, zurückhaltend, nicht überzogen aktiv. Die Regierung überließ er, wie gehabt, den Ministern, die bis 1912 nicht der Mehrheit im Landtag angehörten. Durch sein bescheidenes Verhalten gewann Luitpold wieder Sympathien, doch viele Bürger, die auf neue Impulse warteten, klagten über Bewegungsarmut der bayerischen Politik. Das schloss den empfundenen Mangel an Widerstand gegen den preußischen Imperialismus von Kaiser Wilhelm II. ein.

Luitpold wurde jedoch bei den Oberbayern beliebt wegen seiner regelmäßigen Exkursionen in die Berge, wo er seiner Lieblingsbeschäftigung, der Jagd, nachging. Dabei gab er sich volksnah und zeigte keine höfischen Allüren. In München bemerkte das aufmerksame Publikum, dass er eine Vorliebe für Malerei hatte. Er besuchte Ateliers auch moderner, nicht arri-

Gedenkblatt an das feierliche Leichenbegängnis König Ludwigs II. am 19. Juni 1886 in München

vierter Künstler und förderte die Museen. Man hat ihm vorgeworfen, seine Gunst allen Kunstrichtungen zuteilwerden zu lassen, das entsprach wohl seinem ausgleichenden Naturell. Als »Prinzregentenzeit« ist seine Regierung über Jahrzehnte in besserer Erinnerung geblieben als so manche andere Epoche.

Ein junger Autor namens Thomas Mann prägte damals kurz und bündig den Satz: »München leuchtete.«

Zu Luitpolds lobenswerten Entschlüssen gehört die Einführung der Studienerlaubnis für Frauen. Auch eine seiner Töchter wählte, unverheiratet, eine akademische Laufbahn.

Der Prinzregent wurde 91 Jahre alt – am 10. Dezember 1912 noch ging er im Englischen Garten spazieren, schon ein Tag darauf plagte ihn eine hartnäckige Bronchitis mit hohem Fieber, ehe er am nächsten Morgen gegen 5 Uhr verstarb. Die Eile, mit der nach seinem Tode sein auch schon bejahrter Sohn als Ludwig III. das Königsamt antrat, obwohl Ludwigs II. Bruder Otto noch lebte, lässt auf langjährige Ungeduld schließen. Das Sendungsbewusstsein aber reichte in den kriegerischen Zeiten, die dann kamen, nicht mehr aus – 1918 ging das bayerische Königtum in der revolutionären modernen Zeit unter. Wir gedenken seiner mit Respekt – und mit Ausnahmen.

»München leuchtete.«
Thomas Mann über die Regentschaft Luitpolds

46

Zum Jubiläumsjahr ein Superkrimi mit Mordkomplott und mehreren Opfern?

Es gibt Indizien dafür, dass sowohl König Ludwig II. als auch sein Psychiater von Gudden ermordet wurden. Als Täter könnten zwei Diener infrage kommen, aber auch ein Gendarm und ein Küchenjunge; doch Zweifel an dieser Theorie sind berechtigt, und letzten Endes könnte es auch ganz anders gewesen sein.

Die guten alten Zeiten waren nicht immer gut, das weiß ja ein jeder. 1886 erschien Robert Louis Stevensons *Der seltsame Fall des Dr. Jekyll und Mr. Hyde*, eine der unheimlichsten Erzählungen aus der Frühzeit des Kriminalromans. 1886 ereignete sich aber auch, sollen wir glauben, ein realer Superkrimi am Starnberger See. Mitglieder des Hauses Wittelsbach stifteten, ist in diesem Superkrimi nachzulesen, ein wüstes Mordkomplott an. Dem fielen König Ludwig II. und der Psychiater Gudden, der den König für geisteskrank erklärt hatte, zum Opfer, darüber hinaus aber auch noch mindestens vier, wahrscheinlich noch mehr Personen.

In seinem schon genannten Buch *König Ludwig II. – Mensch und Mythos zwischen Genialität und Götterdämmerung* hat Rudolf Reiser auch dieses dicht gestrickte Netz von Indizien zu den Ereignissen an Pfingsten 1886 im und um den Starnberger See gelegt. An erster Stelle geht es um die verdächtigen Zeitunterschiede, zu denen die Uhren des Königs und des Psychiaters Gudden stehen blieben. Waren die beiden doch, so die offiziell verbreitete Einschätzung, vermutlich fast gleichzeitig im See ums Leben gekommen. Dann findet man mit Rudolf Reiser heraus: Die beiden Toten konnten gar nicht zu der Zeit den See erreichen, den ihre Uhren anzeigten.

Das Schlafzimmer in Schloss Berg, in dem die Leiche des Königs aufgebahrt wurde

Was also geschah wirklich? Sie sind beide ermordet worden! Geschwinde betäubten die Bösen den König in einer Kutsche und brachten ihn rechtzeitig zum See. Und sie ertränkten den noch betäubten König, den man ins Wasser geführt hatte! Im flachen Ufergewässer des Sees stellte man die noch später in der Nacht beobachteten Fußspuren her, beseitigte andere, die nicht gesehen werden sollten. Der Fischer Lidl sagte in dieser Horror-Story dann aus, die königliche Leiche sei vollgepumpt und aufgebläht

gewesen – in totalem Kontrast zu seiner später anders überlieferten Aussage: »Der König hat noch die Augen offen gehabt … so hat keiner ausgese-
hen, der ertrunken ist.« Wem soll der Leser nun glauben?

Mitwisser durfte es jedenfalls nicht geben, darum musste auch der berühmte Psychiater Gudden getötet werden. Der 62-Jährige, zu schwach zur
Gegenwehr, ertrank nah bei der Todesstelle des Königs, exakt eine Stunde
und zwölf Minuten später als dieser, wie der Stillstand seiner Uhr angeblich
bewies.

Dabei wird es nicht bleiben. Wer immer die beiden Hauptpersonen um-
gebracht hat, ist selbst in Lebensgefahr. Der Autor trägt nichts Näheres zur
Identität der fraglichen Personen bei, aber macht Gebrauch vom Umkehr-
schluss: Ein Gendarm, der am Sonntagabend im Schloss war, und ein Küchenjunge starben binnen Kurzem – waren sie also den Auftraggebern des
Doppelmordes verdächtig, waren sie die Täter? Und noch verdächtiger: Zwei
Diener auf Schloss Berg, die am Pfingstwochenende dort waren, wurden in
eine Irrenanstalt gesteckt – beide lebten nicht mehr lange. Noch mehr Unheil: Ein 16-Jähriger strich mit seinem Freund Adalbert Fischer am Pfingst-
montag um Schloss Berg – und dieser Adalbert war alsbald nicht mehr
auffindbar.

Der wüste Krimi ist damit noch nicht zu Ende, Zweifel bleiben erlaubt
und bieten sich an. Der Autor räumt ein: Man mag bei dieser Serie auch an
Zufall glauben. Aber er weiß auch: Mysteriös ist das alles schon. Und gesteht
letztlich zu: Selbst wenn wir anhand der vielen Indizien … den Mord nicht
nachweisen können, die Zeitgenossen bilden sich ihre Meinung.

Die aufgebahrte Leiche
Ludwigs II. in der
alten Hofkapelle der
Münchener Residenz,
zeitgenössischer Holz-
stich

47 Wer kam nach Luitpold auf den Thron?

Porträt Ludwigs III. als Großmeister des St.-Georg-Ordens; er folgte Prinzregent Luitpold 1912 auf den Thron. Mit dem Ende der Wittelsbacher Monarchie floh er aus München.

Auf Luitpold folgte Ludwig III., allerdings erst 1912, als »schwerfälliger alter Herr«. Politisch war er wenig erfolgreich; 1918 kam das Ende für die Wittelsbacher Monarchie, und Ludwig III. floh aus München.

Des Prinzregenten Luitpold erster Sohn nahm schon als 21-Jähriger am deutsch-deutsch-österreichischen Krieg teil und wurde schwer verwundet. Wenn er es als Glück seines Lebens empfunden hätte, früh zum König zu avancieren, ist es ihm auch damit nicht gut gegangen. 1845 geboren, nur kurz vor seinem Vetter Ludwig II., war ihm eine lange Wartezeit beschieden, denn dem 1886 im Starnberger See ums Leben gekommenen Ludwig II. folgte Luitpold, Jahrgang 1821, als Prinzregent – und regierte bis 1912.

Dem greisen Vater folgte also ein schon fast greiser Sohn. Als »schwerfälligen alten Herrn mit langen Ziehharmonikahosen und schlecht gewickeltem Regenschirm, eigensinnig, jähzornig, aber hinter der altmodischen Brille ein paar gütige Augen« – so hat der Historiker Benno Hubensteiner Ludwig III. beschrieben. Ihm war Ludwigs II. intensive, kreative Zuwendung zu Musik, Architektur und Literatur extrem fremd. Er lebte auf seinem Mustergut Leutstetten bei Starnberg, kannte sich bestens aus in der Milch- und überhaupt in der Landwirtschaft. Zu wenig für einen König in bald schwerer und schwerster Zeit.

Er hielt am Eigenrecht des bayerischen Staates fest – wie der Prinzregent und wie Ludwig II. Doch konnte nach 1866 von jedem König Bayerns die Bündnispflicht nur verschwiegen, nicht mehr geleugnet werden. Ludwig III. betonte dennoch mit markigen Worten beim Krönungsbankett des Zaren Nikolaus II. in Moskau, 1896, auch an die Adresse von Kaiser Wilhelm II.: »Wir sind keine Vasallen, keine Untertanen des deutschen Kaisers, sondern seine Verbündeten.«

Die stolze Rede erwies sich dann im Ersten Weltkrieg als hohle Floskel. Die bayerischen Truppen kämpften unter dem Oberbefehl der obersten Heeresleitung. Von deren Diktatur war spätestens seit 1916 die Rede. Und an der Vorherrschaft der jeweiligen Generalstabschefs – Helmuth Graf von Moltke, Erich von Falkenhayn, Paul von Hindenburg und Erich Ludendorff – vermochte Ludwig III. nichts zu ändern.

Seine Versuche, die Friedensinitiative Papst Benedikts V. im Herbst 1917 zu unterstützen, endeten ergebnislos und ebenso ein Besuch in Berlin bei

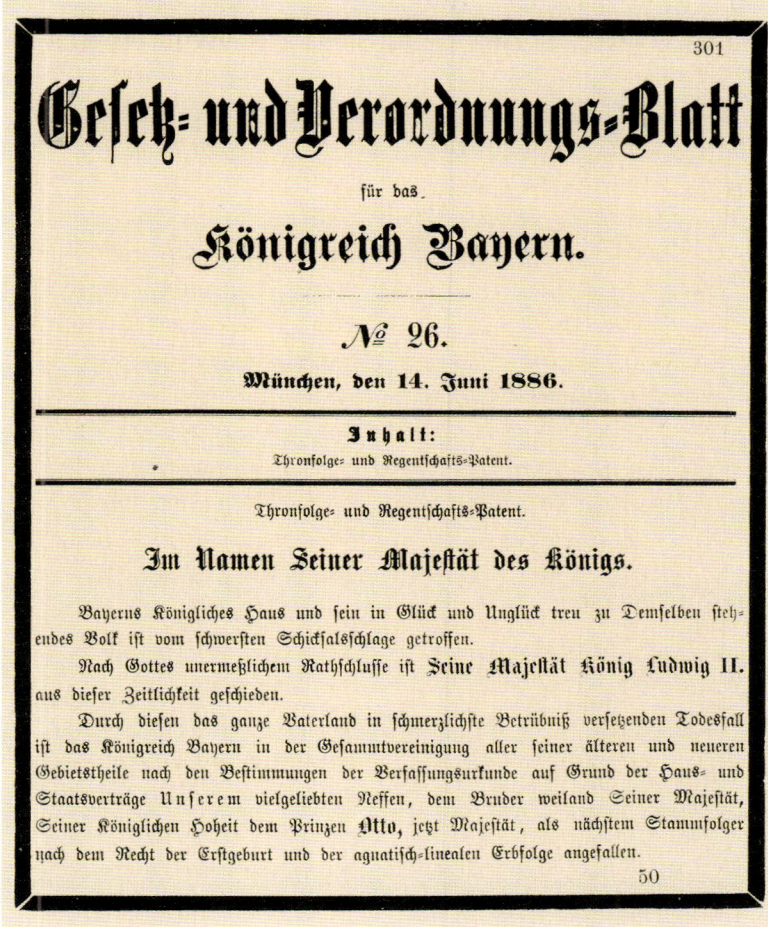

Aus den »Acten des Koeniglichen Staats-Ministeriums des Innern, die Übernahme der Regentschaft durch den Prinzen Luitpold von Bayern betreffend«. Luitpold regierte bis 1912.

Kaiser Wilhelm II.: »Man kann nicht mit ihm reden, er lässt keinen zu Wort kommen«, resignierte Ludwig III. Der Wittelsbacher Monarchie schlug 1918 die letzte Stunde, ihr letzter König floh aus München. Auf Schloss Anif bei Salzburg weigerte er sich, abzudanken. Aber er erklärte, dass er nicht mehr zum Regieren imstande sei. Mit der Anifer Erklärung entband er die bayerischen Beamten und Soldaten von ihrem Treueeid. Seine letzen Jahre verbrachte er auf seinen Gütern in Ungarn und sodann im Schweizer Exil, ehe er im April 1920 nach Bayern zurückkehrte, wo er im Oktober 1921 verstarb.

48 Wer erinnert alljährlich an Ludwigs Tod?

Sie tragen lange schwarze Kutten, ihre Gesichter sind verhüllt, und sie suchen das Andenken Ludwig II. zu schützen und die bayerische Monarchie zu bewahren: die Guglmänner.

Sie spielen sich nicht in den Vordergrund, aber sie erregen Aufsehen, wenn sie in der Öffentlichkeit für ihren hochverehrten König Ludwig II. auftreten: die Guglmänner. Das sind anonyme, in schwarze lange Kutten gekleidete Gestalten, deren Köpfe und Gesichter mit einer »Gugl«, einer schwarzen Kapuze, verhüllt sind. Diese Guglmänner sind eine schon sehr alte, als Geheimbund angesehene Gesellschaft, die seit dem Mittelalter bei königlichen Begräbnissen in Bayern auftritt, verhüllt wie beschrieben und mit zwei vor der Brust gekreuzten Fackeln.

So traten sie natürlich auch bei der Beisetzung Ludwigs II. auf, unter ihrem Wahlspruch *Media vita in mortem sumus* (»Mitten im Leben sind wir vom Tod umgeben«). Seither sind sie immer bereit, wenn es gilt, das Andenken Ludwigs II. zu beschützen vor übler Nachrede – sie wollen nicht ruhen, bis die Umstände seines Todes vollkommen aufgeklärt sind. Wer hinter ihren Gugln steckt, ist unbekannt – man kann ihrer Gemeinschaft nicht beitreten, man wird aus ihren Reihen berufen.

Die Guglmänner sehen sich als Bewahrer der bayerischen Monarchie, sie äußern sich auch zu gegenwärtigen politischen Ereignissen, sofern sie für Bayern wichtig sind. Offenbar halten viele von ihnen ein selbstständiges Bayern unter königlicher Führung für möglich. Vor allem aber gehen sie gegen jede Behauptung, ihr König wäre als Selbstmörder und gar als Mörder gestorben, empört vor. Sie haben viele Gegenargumente gesammelt, die offizielle Thesen des Todes widerlegen. Sie veröffentlichten auch einen Fragenkatalog zum unaufgeklärten Tod.

Unfreiwillig hilfreich bei ihren Bestrebungen ist die bis heute andauernde Geheimnistuerei offizieller und halboffizieller Stellen, die Maßnahmen zur Aufklärung nicht zulassen wollen. Das gilt immer wieder insbesondere für eine Untersuchung des einbalsamierten

Eine Büste des Königs von Bayern in Kaufbeuren (Allgäu) – auch heute noch ist Ludwig II. in Bayern stets präsent.

LUDWIG II KÖNIG VON BAYERN
~ 1864 ~ 1886 ~

Die Guglmänner erinnern jedes Jahr an Ludwigs Tod; die Fotografie zeigt drei derselben, die anlässlich des 115. Todestags einen Kranz an der Stelle am Kloster Andechs niederlegen, an der sie die Ermordung des Königs vermuten.

Leichnams, die mit modernen Mitteln wohl ohne Störung der Totenruhe möglich wäre. (Angesichts neuer, abenteuerlich klingender Veröffentlichungen über die Herkunft Ludwigs II. wäre so eine Untersuchung überdies geeignet, auch zu diesem Thema Klarheit zu schaffen.)

Die Guglmänner treten auch jedes Mal energisch auf, wenn sie meinen, dass ihr König in Theateraufführungen verkitscht oder lächerlich gemacht wird (*www.guglmann.de*).

Der Bund der Guglmänner kommt jedes Jahr am Todestag des Königs am »Tatort« im Starnberger See zum Totengedenken zusammen. Für Aufsehen sorgten sie im Juni 1999 zum 113. Todestag des Königs. Trotz Vermummungsverbot zogen sie in ihren Kutten und mit vor der Brust gekreuzten Fackeln durch die Straßen der bayerischen Landeshauptstadt. Oder am 31. Dezember 1998, als sie gegen die Aufführung des Theaterstückes »Ludwig II. – Die volle Wahrheit« des bayerischen Kabarettisten Georg Ringswandl demonstrierten.

Eine andere Gemeinschaft – »Königstreue« oder »Freunde Ludwig II.« – tagt jedes Jahr in Füssen. Pflege von Brauchtum und Dialekt steht im Vordergrund und der Grundsatz, dass der König verehrungswürdig, die Art seines Todes aber ungeklärt sei. Viele träumen von Monarchie »weil's einfach schöner wär«. *(www.koenigludwigzwei.de)*

Media vita in mortem sumus (»Mitten im Leben sind wir vom Tod umgeben.«) Wahlspruch der Guglmänner

Wie hebt sich Ludwigs Sarkophag in der Fürstengruft hervor?

In der Münchner Kirche St. Michael sind die Särge und Sarkophage von 40 Wittelsbachern aufgestellt, darunter auch der Ludwigs II. – der einzige mit Bild und Wappen an der Wand und gerahmtem Huldigungsspruch auf dem Sarkophag.

Der Eingang ist unscheinbar, rechts vom hohen Chorraum der Kirche St. Michael, mitten in München, die stilistisch am Übergang von der Renaissance zum Barock steht und so vorbildgebend für zahlreiche barocke Kirchen im deutschsprachigen Raum wurde. Nur ein paar Stufen geht es hinab aus der Helle der monumentalen Renaissancekirche in das Dämmerlicht des niederen Raums, in dem die Särge und Sarkophage von 40 Wittelsbachern aufgestellt sind, düster, fast alle arm an Schmuck. Schon Herzog Wilhelm V., der St. Michael für die nach München gerufenen Jesuiten errichten ließ, hat sich seinen und seiner Gattin Platz in dieser Gruft gewählt.

Auch Kurfürst Maximilian I., der im Dreißigjährigen Krieg dem Schwedenkönig Gustav Adolf Münchens Tore öffnen musste. Und auch der Franzose Eugène Beauharnais ruht in der Fürstengruft, in Napoleons Ära Vizekönig von Italien und einer seiner hervorragendsten Feldherren. Als Schwiegersohn des damals gerade erst gekrönten Wittelsbacher Königs (Maximilians I.) erhielt er den Titel Herzog von Leuchtenberg. Sie haben in der bayerischen und europäischen Geschichte und Religionsgeschichte mehr bewegt als König Ludwig II., haben sich zumeist in Kriegen hervorge-

Eine Briefmarke zu Ehren Ludwigs II., erschienen anlässlich des 100. Todestags 1986

LUDWIG II · KÖNIG VON BAYERN · 1845–1886

Ein Anstecker mit dem Konterfei des Königs direkt neben einem ähnlichen Erinnerungsstück an Franz Josef Strauß

tan. Die Totenliste, die ihre Kriege hinterlassen, ist lang. Dass auch unter Ludwigs königlicher Regierung Tausende bayerische Soldaten starben, ist keine Folge seiner kriegerischen Absichten, war aber freilich unvermeidbar aufgrund seiner Schwäche, seines Zurückweichens, wo öffentliches Auftreten gefordert wurde. Es reicht nicht, gegen den Eintritt in einen Krieg zu sein, es gilt für den Herrscher, ihn zu vermeiden und zu unterlassen. Warum dies Ludwig II. nicht gelang, versucht dieses Buch deutlich zu machen.

Düster ist die Fürstengruft der Wittelsbacher, aber einem der Dynastie, gerade jenem, den sie mit einem dubiosen Gutachten entmündigten, gaben sie mehr Licht und Glanz als allen anderen. Die Namenstafel an der Wand erwähnt zwar das schmählich gewaltsame Ende Ludwigs II. nicht, die Tafel nennt nur Geburts- und Sterbejahr und teilt nüchtern mit: »regierte ab 1864«. Dass seine Regierung endete, als er als Geisteskranker in sein eigenes Schloss eingesperrt wurde, verschweigt die kleine Tafel.

Unübersehbar ist dagegen Ludwigs Bild an der Wand (das einzige in der Fürstengruft), unübersehbar das Königswappen darüber, prächtig zeigen sich die goldfarbenen Scheinflammen am Kopf des opulenten Sarkophags. Ein gerahmter Huldigungsspruch steht auf dem Sarkophag, der vom Architekten und Oberhofbeirat Julius Hofman entworfen und von Zinngießmeister J. Rößler erbaut wurde. Jeden Besucher zieht es in der Halle der 40 Wittelsbacher zu dieser hervorgehobenen Stätte.

50

Letzte Frage: Soll der Sarg für immer geschlossen bleiben?

Die Öffnung des Sargs könnte Aufschluss über die Todesursache des Königs geben – allein die Wittelsbacher Dynastie weigert sich, könnte die Untersuchung des Leichnams doch auch ungeliebte Theorien zur Herkunft des Königs bestätigen.

Kritische Bewunderer Ludwigs fragen sich, ob der Sarkophag des Königs vielleicht leer sei. Die Wittelsbacher Dynastie verweigert sich dem Ansinnen, den Sarg zu öffnen, um an den sterblichen Überresten des Toten die seit 125 Jahren umstrittene Frage nach der Ursache seines Todes zu klären. Die Weigerung könnte eine sehr schlichte Ursache haben: Es gibt keine sterblichen Überreste.

Eine andere Ursache der Weigerung könnte sein: Es gibt sterbliche Überreste. Eine Untersuchung könnte nämlich eine andere als die offizielle Todesursache ans Licht bringen, etwa die Mordtheorie bestätigen – oder auch mit einer DNS-Prüfung die verwegene Theorie von der italienischen Herkunft Ludwigs stützen.

In Bezug auf die Frage nach einem etwa leeren Sarg hat sich der Berliner Autor Peter Glowasz jüngst mit seinem Buch *Der Tod am Starnberger See* wieder zu Wort gemeldet. Der Untertitel verheißt »Die Aufklärung der Todesursache König Ludwigs II. von Bayern«. Empfohlen vom Institut für Rechtsmedizin in Bern werde die virtuelle Autopsie, kurz Virtopsie genannt. Eine Revolution der Rechtsmedizin: Mit Magnetresonanz-Spektroskopie könnten dreidimensionale Abbildungen des toten Körpers hergestellt, auch Knochen durchleuchtet werden. Virtopsie könne auch in einem geschlossenen Sarkophag angewendet werden. Vorausgesetzt: Es ist kein leerer Sarkophag.

Peter Glowasz ist sich in dieser Frage sicher, beruft sich auf den Bericht eines Architekten namens Erwin Eberl. Dieser hat danach als Werkstudent 1950/51 bei Renovierungsarbeiten am Fußboden der Kirche St. Michael geholfen. Drei Arbeiter, alle verstorben, hätten aus Neugier den Sarkophagdeckel mithilfe eines Krans angehoben und den Studenten Eberl herbeigerufen: »Willst mal unseren Kini sehen?«

Eberl sah, berichtete Peter Glowacz nach dessen Aussage am 17. Februar 2004, eine Litewka aus graublauem Stoff, darunter ein weißes Hemd, unter der Gürtellinie einen großen dunklen Fleck, möglicherweise Blutreste, und

er rührte auch die lederartige Haut an. Neben dem Leichnam lag ein anderthalb Meter langer Zierdegen. Die Beschreibung der Kleidung passt zu
dem Totengewand eines Großmeisters des Georgi-Ritterordens. Nur eine
Minute lang soll der Sarkophag damals geöffnet gewesen sein.

Das muss freilich heißen: Auch wenn der Student Eberl damals die sterblichen Reste Ludwigs II. gesehen hat, ist damit der Satz von Peter Glowasz
»Dieser Sarg ist nicht leer!« keineswegs gesichert. Die sterblichen Überreste
können seitdem längst entnommen worden sein. Verantwortlich für die
Königsgruft ist der Wittelsbacher Ausgleichsfonds. Noch unsicherer wird
hier – wie in ungezählten Publikationen über Leben und Tod Ludwigs II.! –
der Boden der Tatsachen. Man erinnert sich an die Beschreibungen von der
Bestattung Ludwigs. Am Anfang der Zeremonie stand die Aufbahrung des
Toten in einem geöffneten Mahagonisarg – wie ein schräg montiertes Para-
debett. Danach wurde der geschlossene Sarg zur feierlichen Einsegnung in
die Kirche St. Michael gebracht. In die Fürstengruft hinabgetragen, legte
man den Mahagonisarg in einen geöffneten bräunlich goldenen Zinksarg.
Diesen versiegelte man und verschloss ihn mit zwei Schlössern. Staatsmi-

Das Kreuz steht an der
Stelle im Starnberger
See, an der Ludwig II.
ertrunken aufgefunden
wurde.

Die Votivkapelle am
Starnberger See in
Gedenken an König
Ludwig II.

nister Krafft Freiherr von Crailsheim sorgte für ein Protokoll. Dies alles geschah noch im Juni 1886, erst im Oktober wurde der Leichnam in den Zinksarg umgebettet.

Hatten die Verantwortlichen also alles Notwendige getan, um die Särge fest zu verschließen, aber den tonnenschweren Sarkophag vernachlässigt? So, dass ein paar Bauarbeiter rasch und ohne Schaden anzurichten, mit ihrem Kran den Deckel anheben konnten? Die Fragen bleiben, aber auch die Erinnerung an die Trauer über den frühen Tod, wie immer dieser Tod den König ereilt haben mag.

Ludwig-Kenner Rudolf Reiser behauptet in seinem neuesten Buch *König Ludwig II. – Mensch und Mythos zwischen Genialität und Götterdämmerung*, Ludwig sei gar kein Wittelsbacher gewesen. Und rät auf der letzten Seite, sich nicht von Sensationslust und Klatschsucht treiben zu lassen, rät ab vom Rummel, der um die Öffnung des Sarges entstehen würde, möchte den König in Frieden in der Wittelsbachergruft ruhen lassen.

Wir möchten den Wunsch nach Aufklärung über das vor 125 Jahren Geschehene nicht verdammen. Wir glauben auch nicht, dass irgendeines der zahllosen Bücher über den König und sein tragisches Leben dem Toten irgendeinen Schaden tun kann. Viele Missverständnisse und üble Nachreden könnten geklärt werden. Wenn denn seine sterblichen Überreste noch existieren, sollte ans Licht kommen, was längst ein Teil der bayerischen und der deutschen Geschichte ist, ein immer noch weithin verkannter Teil.

Unter dem Geläut der Münchner Kirchenglocken und dem Donner der Kanonen im Hofgarten setzte sich kurz vor zwölf Uhr der Trauerzug in Bewegung. Tausende mit Sonderzügen angereiste Trauergäste säumten die Straßen, ein Fensterplatz mit besserer Sicht auf das Großereignis kostete 100 Goldmark. Als der Sarg des Königs aus der Residenz herausgetragen wurde, riss der bis zu diesem Augenblick verhangene Himmel auf und die Sonne schien auf den Trauerzug. Als dann der Sarg St. Michael erreichte, zogen dunkle Wolken auf und ein heftiges Gewitter ging über München nieder. Ein mächtiger Blitz, der nicht zündete, schleuderte einige Menschen an die Mauer der Michaelskirche. Viele, die dem neu eingesetzten Prinzregenten Luitpold misstrauten, sahen dies als ein böses Omen für die Zukunft. Die Zeitungen schrieben angesichts des Regengusses: »Der Himmel hat eine Träne geweint.«

In gleicher Reihe erschienen ...

ISBN 978-3-7658-1834-9

ISBN 978-3-7658-1837-0

ISBN 978-3-7658-1821-9

ISBN 978-3-7658-1833-2

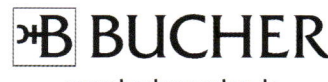

B BUCHER
www.bucher-verlag.de